JN086144

Q&A 兼務役員の法務と実務

企業集団における人材活用

編

田辺総合法律事務所
弁護士法人
色川法律事務所

商事法務

はしがき

　企業の役員の方々と接する中で、「取締役営業本部長」「取締役○○技術部長」といった肩書きをよく目にしますが、これは、「従業員兼務取締役」（「使用人兼務取締役」ともいいます）と呼ばれ、取締役の地位と従業員の地位を兼務する立場にあることを意味します。つまり、会社法上の役員としての地位と労働法上の労働者としての地位を併せ持つ者ということになります。こうした役職者は、日本では長年にわたって会社の重要な地位を占めてきました。

　1990年代以降、執行役員制度が広く導入されるようになると、「取締役常務執行役員」といった肩書きもみられるようになりました。これは、「執行役員兼務取締役」という、取締役の地位と、執行役員という、法令上の根拠を持たない（それゆえ法的性質が一義的に明確ではない）地位を兼務する者を意味します。

　こうした「従業員兼務取締役」や「執行役員兼務取締役」（本書では、「兼務役員」と総称します）のあり方をめぐっては、会社法や労働法が絡み合った複雑な法的論点が存在しています。

　さらに、近時は、企業単体だけでなく子会社、孫会社、関係会社、関連会社を一体とみて経営する連結経営が進み、きちんとコーポレート・ガバナンスを効かせるという「グループガバナンス」への取り組みが重要になってきました。その中で、企業グループに跨って役員の地位と従業員の地位を兼務するケースも増え、兼務役員をとりまく法的論点はより一層複雑なものになってきています。

　ところが、こうした法的論点の複雑化に自覚的な会社は必ずしも多くないというのが、長年企業法務に携わってきた法律実務家としての実感です。

　そこで、田辺総合法律事務所と弁護士法人色川法律事務所の弁護士が筆をとり、さまざまな論点について分析・解説したのが本書です。中には、これまで実務上十分に意識されてこなかった論点も含まれていると思います。

はしがき

　本書が、実務に携わる皆様のお役に立つものとなれば光栄です。
　最後に、本書について、企画段階から全面的にサポート頂いた㈱商事法務の井上様、渋谷様に心より感謝申し上げます。ありがとうございました。

2020 年 1 月吉日

　　　　　　　田辺総合法律事務所　代表弁護士　田辺　克彦
　　　　弁護士法人色川法律事務所　代表弁護士　高坂　敬三

目　　次

第 I 部
会社内部の兼務

第3章　子会社監査役の兼務 ·· 198

凡　例

1　法令名等	
雇用保険法	雇保法
最低賃金法	最賃法
労働安全衛生法	労安法
労働安全衛生規則	労安則
労働基準法	労基法
労働基準法施行規則	労基則
労働契約法	労契法
労働者災害補償保険法	労災保険法
労働者災害補償保険法施行規則	労災保険規則
働き方改革を推進するための関係法律の整備に関する法律	働き方改革関連法
不正競争防止法	不競法
会社法施行規則	会施規
会社計算規則	計規
金融商品取引法	金商法
企業内容等の開示に関する内閣府令	開示府令
連結財務諸表の用語、様式及び作成方法に関する規則	連結財務諸表規則
私的独占の禁止及び公正取引の確保に関する法律	独禁法
東京証券取引所有価証券上場規程	東証上場規程
2　告示・通達	
労働基準局長通達	基発
3　判例集・雑誌等	
最高裁判所民事判例集	民集

最高裁判所裁判集〔民事〕	集民
下級裁判所民事裁判例集	下民
判例時報	判時
判例タイムズ	判タ
労働判例	労判

なお、本書における解説は、本文中で特段の断りのない限り、取締役会設置会社を想定したものである。

第Ⅰ部
会社内部の兼務

第1章　従業員兼務取締役

第1節　法的性質

> Q1　従業員兼務取締役とはどのような役職でしょうか。

1　従業員兼務取締役とは

　従業員兼務取締役とは、その名のとおり、従業員としての地位を併せ持つ取締役をいう。

　典型的な例として、「取締役○○部長」「取締役××支店長」「取締役△△工場長」などといった肩書きを有する取締役を挙げることができる。これらの肩書きのうち、「○○部長」「××支店長」「△△工場長」という部分は、業務部門の長たる従業員の職制を表しており、取締役がこれらの役職を兼務するということは、すなわち取締役が同時に従業員としての地位を有していることを意味する。

2　取締役と会社の業務執行

　取締役会設置会社の取締役は、会社法上当然に業務執行権限を有するものとされている代表取締役（同法363条1項1号）を除き、取締役会決議により権限を付与されない限り業務執行権限を持たないのが原則である（同項2号）。

　これは、取締役会設置会社の取締役の任務は、代表取締役等による業務執行の監視・監督であるとの理解を前提にした法制度と見ることができる。

　しかし、わが国においては、伝統的に、従業員の出世のゴールが取締役であるという理解が一般的であり、取締役に昇格しても、従来の従業員たる地位の延長線上で引き続き業務執行にあたるということが特段の違和感なく行われてきた。

かかる実務慣行自体は、取締役昇格者の長年の経験や人脈を活かし、その能力を有効に活用するという意味では積極的に評価し得るものである。

従業員兼務取締役という概念には、こうした実務慣行を合理的に説明するための便法といった側面があったと思われる。すなわち、本来は業務執行権限を有しないはずの取締役が事実上業務執行にあたっていることについて、「取締役としてではなく、兼務している従業員の地位に基づいて行っていることである」と説明したのである。

3　取締役が従業員を兼務することは許されるか

取締役が従業員を兼務することについては、取締役会の構成員として代表取締役等の業務執行を監督する取締役の立場と、代表取締役の指揮・命令下で業務執行に従事する従業員の立場は本質的に矛盾し、1人の人間が同時にこれらの地位を兼ねることは理論上不可能である、との理由からこれを否定する見解もあった。

しかしながら、かかる監督機能の不全の問題は、実際には、取締役が従業員を兼務することの弊害というより、むしろ、年功序列型の出世システムの弊害（すなわち、従業員を兼務しているか否かにかかわらず、社内の年次でいえば代表取締役の後輩にあたり、ややもすると「代表取締役に役員に引き上げてもらった」という恩義を感じている取締役が、代表取締役の監督役として健全に機能し得るか、という問題）である。なお、こうした側面は、従業員を兼務せず、取締役の職務執行を監査すべき立場の監査役（社外監査役を除く）についてもみられるところである。

したがって、この点は従業員兼務取締役に固有の事情ではなく、日本型雇用慣行が抱えるデメリットといえる。

いずれにせよ、従業員兼務取締役はすでに日本の企業社会において広く受け入れられた概念であり、企業規模の大小を問わず、現に膨大な数の従業員兼務取締役が選任されている状況にある。

法人税法や金融商品取引法において、従業員兼務取締役の従業員分給与の取扱いに関するルール（Q11、15 参照）が設けられていることに加え、取締役の報酬を巡る最高裁判例（Q13 参照）においても、従業員兼務取締

役の存在を前提とする判断が示されていることから、法令上も従業員兼務取締役の存在が容認されているものといえよう。

4　従業員兼務が認められる取締役の範囲

　従業員兼務取締役の存在が法令上も容認されているとして、その範囲には何らかの制限があるのか、極端な話、代表取締役以下、取締役の全員が従業員を兼務しているという状況が許容されるのかが問題となる。

　この点、平取締役が従業員を兼務し得ることについては争いはないが、代表取締役やいわゆる役付取締役（専務取締役、常務取締役等）が従業員を兼務することが認められるかについては、議論のあるところである。

　法人税法上、代表取締役とその他の役付取締役については、従業員兼務取締役としての取扱いは認められていない（Q11 参照）。これは、社長等の肩書を有する者について形式上従業員兼務取締役としての取扱いがなされていたとしても、これらの者は経営の中枢に関わる立場である以上、実質は従業員性が認められないとの趣旨である。また、取締役の報酬を巡る前記最高裁判例においても、代表取締役については従業員兼務取締役から除外する前提で議論がなされている。

　そもそも、従業員は、会社（代表取締役）と雇用契約を結び、代表取締役の指揮命令に従う立場にあるところ、代表取締役自身が従業員の立場で雇用契約の当事者となることを法が想定しているとは考え難い。代表取締役についてはもとより取締役としての業務執行権限が認められており（会社法 363 条 1 項 1 号）、代表取締役が行う業務執行について、重ねて従業員としての地位に基づくものであるとの整理を行う必要性があるかは疑問である。少なくとも代表取締役については、経営トップとしての立場と従業員としての地位は両立しないと思われるため、従業員兼務は認められないと解することが自然である。

　また、代表取締役以外の役付取締役も、いわゆる業務担当取締役（会社法 363 条 1 項 2 号）として業務執行権限を付与されているのが通常である（Q2 参照）。取締役会から直接与えられた業務執行権限の行使については、代表取締役の指揮命令に服する関係にはないと考えられるにもかかわらず、業務担当取締役を従業員兼務とした場合、いずれの立場が優

先するのか曖昧になる。小規模な企業等で役付取締役の地位が名目的な
ものとなっているような場合（そのような場合であっても、役付取締役はい
わゆる表見代表取締役（同法354条）にあたり得ることに留意すべきである）
はともかく、通常は役付取締役について従業員兼務を認めることは適切
でないように思われる。

　その他、法令上従業員兼務が禁止される場合の例については、Q48 を
参照されたい。

Q2　従業員兼務取締役は、どのような目的で選任されるのでしょうか。

1　従業員兼務取締役選任の目的

　従業員兼務取締役とは、従業員としての地位を併せ持つ取締役のことをいう（**Q1**参照）。

　わが国の企業においては、取締役は従業員のうち、有能な者の中から選任されることが一般的であるが、他方で、取締役会設置会社では、取締役自体は取締役会の構成員に過ぎず、代表取締役を除き、特に委任を受けなければ何の業務執行権を持つこともない。しかし、それではせっかくの有能な人材の能力を企業として活かせず、当該取締役の長年の経験や人脈を活かすこともできないこととなってしまう。

　そこで、このような有能な人材について、取締役として企業経営に関する意思決定に関与させるだけでなく、従業員として業務執行を行わせることとして、その能力を活かすべく実務上認められるようになった制度が従業員兼務取締役である（秋山洋＝吉川純＝鯉沼聡＝小嶋広喜＝小林修＝小村亨著『使用人兼務取締役をめぐる法律と税務』（新日本法規、2000）9頁）。

2　業務担当取締役、役付取締役との違い

　他方、企業においては、従業員兼務取締役以外に業務執行に関与する取締役として、業務担当取締役、役付取締役といった存在がいる場合もある。

　そこで、これらの取締役と従業員兼務取締役との違いについて検討する。

(1)　業務執行取締役という概念

　会社法は、取締役のうち業務執行に携わる者について、「業務執行取締役」という概念を設けている。具体的には、①代表取締役、②代表取締役以外の取締役であって、取締役会の決議によって取締役会設置会社の業務を執行する取締役として選定されたもの、③当該会社の業務を執行

したその他の取締役（代表取締役等から一部の行為を委任される等により会社の業務を執行した取締役）をいう（会社法 2 条 1 項 15 号イ、363 条 1 項）。

　本来、取締役会設置会社における取締役は業務執行権限を有しないため、取締役会の決定を執行する機関が必要であることから、取締役会設置会社において業務執行の権限を有する取締役についての定めがおかれたものである。

　上記の業務執行取締役のうち、②の取締役のことを、いわゆる「業務担当取締役」という（落合誠一編『会社法コンメンタール 8──機関 (2)』（商事法務、2009）233 頁〔落合誠一〕）。たとえば、「総務担当取締役」「経理担当取締役」という肩書を有する者がこれに該当する。

　なお、企業においては、定款の定めに基づき、社長、副社長、専務取締役、常務取締役といった肩書を有する取締役を置くことが一般的であるが、これらの取締役は役付取締役と呼ばれている。

　そして役付取締役のうちで代表権を有しない取締役が、上記②の業務担当取締役であると解されている（上柳克郎＝鴻常夫＝竹内昭夫編『新版注釈会社法 (6) 株式会社の機関 (2)』（有斐閣、1987）134 頁〔山口幸五郎〕）。

　他方、③の取締役は、業務担当取締役として選定されていない取締役が、事実上業務を執行している場合を指しており、取締役であって工場長、支店長や部課長等の使用人の地位をも兼ねる従業員兼務取締役はこれに該当すると考えられる（酒巻俊雄＝龍田節編集代表『逐条解説会社法第 1 巻 総則・設立』（中央経済社、2008）54～55 頁〔川村正幸〕）。

　なお、指名委員会等設置会社においては、取締役は法令に別段の定めがある場合を除き、会社の業務を執行することができず（会社法 415 条）、従業員を兼務することも禁止されているため（同法 331 条 4 項）、業務執行取締役は存在しない。ただし、執行役の兼務（同法 402 条 6 項）という形で執行役の立場で業務執行にあたることは認められている。

(2)　業務担当取締役と従業員兼務取締役との違い

　上記の②の業務担当取締役と③の従業員兼務取締役とは、業務担当取締役が取締役の地位を有するのみで、従業員としての地位を有していないのに対して、従業員兼務取締役は取締役の地位だけでなく従業員の地

位も有するという点で大きく異なっている。

　それゆえ、従業員兼務取締役については、取締役としての報酬だけで
はなく、従業員としての給与も支払われ、また、従業員の就業規則の適
用があるのに対して、業務担当取締役については従業員としての給与の
支払はなされず、また、従業員の就業規則の適用もない。

Q3　当社の就業規則では、取締役への就任が退職事由とされ、実際に退職金も支給されています。ただ、取締役就任者の多くが、就任の前後で業務の実態が変わらず、変わったのは毎月の取締役会への出席くらいという状況です。来年度の定時株主総会は取締役の改選のタイミングですが、改選の対象から外される取締役が複数名います。これらの者から「実態は労働者だから、労働法によって保護されるべき」等と主張される可能性はないでしょうか。

1　問題状況

従業員兼務取締役には、会社が意識的に従業員兼務という地位を与えている場合のほか、会社の意図とは無関係に客観的な事情から従業員兼務としての評価を受ける場合が含まれ得る。

(1)　取締役と従業員の違い

取締役は会社と委任契約関係にあり（会社法 330 条）、会社と労働契約関係にある従業員、すなわち労働者とは、労働関係法令による保護がないという点で大きく異なる。

たとえば、労働者の場合、会社からの一方的な労働契約の解消（解雇）は解雇権濫用法理（労契法 16 条）により大きく制限されるのに対し、取締役の場合、損害賠償請求を受ける余地はあるものの（会社法 339 条 2 項）、会社からの一方的な委任契約の解消自体に特段の制限はない。同様に、労働者の場合、労働時間に法的制限（法定労働時間）が課され、超過時間には割増賃金を支払う必要があるのに対し、取締役の場合、そうした法的制限はない。業務上の災害によって負傷しても、労働者であれば労災補償が受けられるが、取締役にはそうした保護はない。

(2)　取締役による労働者性の主張

このように、取締役と労働者とでは、労働関係法令による保護の有無の点で大きな差があるため、取締役（であった者）から、取締役在任中も労働者としての実態がある（あった）等として、労働者であることを前提

とした請求を受けるケースもあり得るところである。

　取締役に労働者としての実態が認められた場合、取締役としての委任契約関係のほかに労働者としての労働契約関係が併存することになる（すなわち、従業員兼務取締役として位置付けられる）。それでは、いかなる場合に、労働者としての実態が認められることになるのだろうか。

2　取締役に労働者としての実態が認められる場合とは

　取締役の労働者性が争われた過去の裁判例を概観すると、労働者としての実態の有無の判断にあたって、使用者との使用従属関係の有無を巡るさまざまな考慮要素が検討されている。これは、労働契約の本質が、労働者が使用者の指揮命令に従って労務を提供する点にあるからだと解される。

　そこで、以下では、労働者としての実態が認められやすい主な要素について説明する。

(1)　取締役への就任の経緯

　従業員が取締役に就任した場合、それに伴って従前の労働契約が終了したと認められなければ、労働者性が継続していると判断される。

　従前の労働契約が終了したか否かは、就業規則上、取締役の就任が退職事由とされているか否か、退職に伴う各種の手続（退職金の支給、退職届の提出、雇用保険の資格喪失手続、就業規則に基づく各種手当支給の廃止等）が実際に行われたか否かといった観点から検討される。

　就業規則上、取締役の就任が退職事由とされていない場合や、退職に伴う各種の手続が行われていない場合には、取締役への就任後も労働者性を失わないと判断される可能性がある。

(2)　取締役としての権限の有無・業務遂行

　労働者としての実態の有無の判断にあたって特に重要な要素である。

　代表取締役または業務執行取締役等、法令・定款ないし社内規程上、業務執行権限が与えられている取締役は、自ら労働者に対して指揮監督を行う立場にあるため、原則として、労働者ではないと判断される。他

方で、業務執行権限が与えられている取締役であっても、実質的には業務執行に関する意思決定を行うことができず、代表取締役から指揮監督を受けて業務を遂行しているような場合には、労働者と判断される可能性がある（もっとも、代表取締役からの指揮監督が認められても、これが労働者に対するものと見るべきか否かは事情次第ではある）。

　また、勤務時間や勤務場所の管理・拘束を受けている場合、たとえば、勤務時間が定められ、タイムカード等によって出退勤管理がされている場合や、遅刻・早退・欠勤を理由に報酬が減額されている場合には、労働者と判断される可能性がある。

　さらに、一般従業員と同様の業務に従事しているという事情がある場合も、労働者と判断される可能性がある。

(3)　報酬の性質および額

　報酬の性質について、会計上、賃金として処理されている場合、労働者と判断される可能性がある。

　また、報酬額について、取締役の就任時に支給額がさほど増えていない場合や、従業員に支給される諸手当が支給され続けている場合も、労働者と判断される可能性がある。

(4)　そ の 他

　以上のほか、雇用保険に加入している場合も、労働者と判断される可能性を高める事情となる。ただ、保険の加入は当事者が操作しやすい事項でもあるため、どれだけ重視されるかは事情次第である。

3　実務上注意すべきポイント

　設例のようなケースにおいて、取締役とは純然たる委任契約関係にあるというのが会社の認識であろう。ところが、突然、取締役（であった者）から労働者であると主張され、これが裁判所で認められてしまうということになれば、会社に大きな悪影響を及ぼす。

　こうした認識の離齬を生まないためには、取締役への就任手続を適切に行い、就任の前後で業務遂行や報酬の扱いを変えることで、労働者と

の区別を明確にする必要がある。

　その際、意識すべきは、上記2で紹介した要素を極力減らすことである。

　確かに、上記2の要素の中には、「代表取締役から指揮監督を受けて業務を遂行しているか」「一般従業員と同様の業務に従事しているか」等、見方によってはただちに否定し難い事情もある。しかし、その他の要素は、取締役への就任前後で取扱いを変えることでリスクを解消できるものがほとんどであろう。

　上記のような思わぬ事態を避けるため、上記2の要素の有無について、今一度チェックされることをお勧めしたい。

▌第 2 節　選　　任

> Q4　従業員兼務取締役の選任手続について教えてください。

1　候補者の内定

(1)　取締役会における候補者の決定

従業員兼務取締役の候補者の選定プロセスは各社各様であるが、最終的に株主総会における取締役選任決議が必要となる点は共通である。

したがって、本人の内諾を得て候補者を内々に決定した後、株主総会の招集および議題の決定のための取締役会決議が必要になる。この取締役会決議は、上場会社であれば、決算発表時、または発表後に行われるのが通常である。この取締役会決議により、従業員兼務取締役候補者が内定することになる。

なお、近時は、取締役の指名委員会が、任意の諮問委員会として設置される例が多い。この場合は、あらかじめ定められた手続により、指名委員会の審議・決議を経て、取締役候補者として取締役会に上程されることになる。

(2)　適時開示

上場会社の場合、従業員兼務取締役候補者の内定について、開示を行うかどうかを検討することになる。

この点、証券取引所規則（東京証券取引所の場合、有価証券上場規程）の適時開示基準では、代表取締役以外の取締役の異動について、適時開示義務が明文で定められているわけではない

そのため、上場会社が従業員兼務取締役候補者の内定を開示する場合、いわゆる任意開示となる。この開示は、「取締役候補者の内定に関するお知らせ」等の表題を付して TDnet において開示される場合と、決算短信の末尾に重要な後発事象等として記載される場合がある。

2　株主総会における選任決議

　前記1の取締役会決議に基づき、株主総会（いわゆる役員選任権付種類株式（会社法108条1項9号）を発行している場合は当該種類株式の株主を構成員とする種類株主総会）を招集し、取締役の選任決議を行う。株主総会参考書類における議案の記載事項や決議要件については、従業員兼務取締役であるか否かによる違いはない。

3　株主総会後の取締役会

(1)　担当職務および報酬の決定

　株主総会後の取締役会において、正式に（通常は内定したとおり）、従業員としての配属（それまで務めていたポストを引き続き担当する例が多い）と取締役として委嘱される事項が決定することになる。従業員兼務取締役の担当業務は会社の重要な業務にあたるのが通常であるため、上記決定は、重要な使用人の選任（会社法362条4項3号）のための取締役会決議としての意味も有する。

　また、当該取締役会において、同時に取締役としての報酬額も決定されるが、実務上は、代表取締役社長等特定の取締役に報酬額の決定が一任される例が多い。

(2)　従業員兼務と自己取引

　従業員兼務取締役は取締役としての報酬のほか、従業員としての給与の支給を受けるケースが多いが、これが会社との取引として取締役の利益相反取引（自己取引）に係る規制（会社法365条1項、356条1項2号）の対象となるか（取締役会の承認決議を要するか）が問題となる。この点については、Q13を参照されたい。

Q5　従業員兼務取締役については、対外的にどのような開示がなされるのでしょうか。

1　商業登記における開示について

　企業において誰が取締役であるかは、登記事項とされており（会社法911 条 3 項 13 号）、これらの取締役のうち、代表取締役についてはその旨登記上も明らかにされている（同項 14 号）。

　そして、これらの事項について変更が生じた場合には、2 週間以内に変更の登記が必要とされている（会社法 915 条 1 項）。

　したがって、登記をみれば、誰が取締役であるか、そしてその取締役のうち誰が代表取締役であるかについては確認できるものの、従業員兼務取締役であるか否かについては登記事項とされていないため、登記上はわからない。

2　証券取引所における適時開示について

　証券取引所に上場している株式会社において、代表取締役の異動について業務執行を決定する機関が決定をした場合にはただちにその内容を開示しなければならないとされている（たとえば、東証上場規程 402 条 1 号 aa 等）。

　そして、この適時開示においては、異動の理由、新・旧代表取締役の氏名・役職名、新任代表取締役の生年月日、略歴、所有株式数、就任予定日、その他投資者が会社情報を適切に理解・判断するために必要な事項について記載することが必要とされている（宝印刷＝ディスクロージャー＆ IR 総合研究所編『適時開示の実務 Q ＆ A〔第 2 版〕』（商事法務、2018）151〜152 頁）。

　Q1 でも説明したが、代表取締役と従業員との兼務は認められないと考えられることから、新任代表取締役が就任後も従業員兼務取締役であり続けることはないが、過去に従業員兼務取締役であった場合には略歴の中で、その点について（「取締役○○部長」などといった役職の記載を通じて）開示がなされることも多い。

これに対し、代表取締役以外の取締役の異動の開示については、有価証券上場規程上義務付けられていないため、新たに従業員兼務取締役が選任されたり、従業員兼務が解かれたりした場合でも適時開示は不要である。よって、制度上は、現時点で誰が従業員兼務取締役であるかは適時開示からは判明しないこととなる。

なお、実務的には多くの公開企業において、代表取締役に限らず役員全般について、その異動の開示が任意になされており、その中には従業員兼務取締役に関する情報（役職の記載）も事実上含まれている（なお、Q4 の 1 (2)「適時開示」も参照のこと）。

3　会社法上の開示について

(1)　事業報告における開示

株式会社においては、各事業年度に係る計算書類および事業報告を作成し、定時株主総会に提出し、その内容を株主に報告しなければならないとされている（会社法 435 条 2 項、438 条 1 項、3 項）。

株式会社のうち、公開会社については、事業報告において、「株式会社の会社役員に関する事項」を記載する必要があるところ（会施規 119 条 2 号）、具体的には会社役員の氏名、地位および担当等について記載することとされている（同規則 121 条 1 号、2 号）。

そして、ここでいう「地位」とは、会長、社長、副社長、専務、常務などを意味する。また、「担当」に関する記載としては、取締役につき、総務担当、技術担当等の担当があるときはその担当を記載すべきであるが、従業員兼務取締役として本部長や部長を兼務しているときはそれを記載すべきであるとされている（弥永真生『コンメンタール会社法施行規則・電子公告規則〔第 2 版〕』（商事法務、2015）603 頁）。

したがって、公開会社については、事業報告における会社役員の記載において、従業員兼務取締役であることがわかる。

(2)　株主総会参考書類における開示

また、取締役は、株主総会の招集にあたって、書面による議決権行使を認めることとした場合、株主に対して、議決権の行使について参考と

なるべき事項を記載した書類（株主総会参考書類）を交付しなければならない（会社法 301 条 1 項）。

　そして、取締役が株主総会において取締役選任議案を提出する場合には、株主総会参考書類において、候補者の氏名、生年月日および略歴について記載しなければならない（会施規 74 条 1 項 1 号）。

　この略歴は、当該候補者の取締役としての適格性を判断するための情報を提供するものであるため、選任の判断にとって参考となる経歴を記載するものとされ、たとえば、入社年次、歴任した重要な役職名とその就任年月、重要な前職等が列挙されるのが一般的であるとされている（弥永・前掲 374〜375 頁）。

　この点、取締役が従業員を兼務する場合、その役職は重要な役職であることが多いのが通常であることから、再任の取締役候補者が従業員を兼務している場合には、その点を略歴欄に記載すべきであるし、実際にも多くの企業の株主総会参考書類において従業員兼務取締役であることがわかるような役職名が略歴欄に記載されている。

4　有価証券報告書等における開示

　また、金融商品取引所に上場されている有価証券の発行会社は有価証券報告書を作成し、内閣総理大臣に提出することが必要であるところ（金商法 24 条 1 項 1 号）、この有価証券報告書の第一部「企業情報」中の第 4「提出会社の状況」の中で、5「役員の状況」を記載する必要がある。そして、この「役員の状況」欄において、報告書提出日現在における役員の主要略歴（たとえば、入社年月、役員就任直前の役職名、役員就任後の主要職歴、他の主要な会社の代表取締役に就任している場合の当該役職名、中途入社の場合における前職）を記載することとされている（開示府令 15 条 1 号イ、第三号様式記載上の注意（36））。

　したがって、取締役が従業員兼務である場合、主要職歴として有価証券報告書にも記載して開示すべきであるし、実際にも多くの企業で開示がされている。

▎第3節　権利・義務・責任

> Q6　従業員兼務取締役はどのような権限を有し、義務を負うのでしょうか。

1　従業員兼務取締役の権限

(1)　従業員としての権限

従業員兼務取締役の従業員としての地位は、委任契約に基づく取締役としての地位とは別個の雇用契約に基づいて発生している。

したがって、従業員としての権限については、取締役を兼務しない通常の従業員と基本的に差異はなく、会社内部でどのような権限を有するかについては、社内規程等の社内ルールによって規定されることとなる。

他方、従業員として対外的にどのような権限を有するかについても、会社からどのような権限を付与されたかによることとなる。

たとえば、従業員兼務取締役が会社に代わって本店または支店の事業に関する一切の裁判上または裁判外の行為をする権限を有する場合には、支配人（会社法10条、11条1項）に該当することなる（取締役支店長などがこれにあたる）。そして、支配人については、会社法上、登記が必要とされている（同法918条）。

また、事業に関するある種類または特定の事項の委任を受けた使用人（従業員）は、当該事項に関する一切の裁判外の行為をする権限を有する（会社法14条1項）。取締役であり部長を兼務している場合などがこれに該当するものと思われる。

こうした、支配人や事業に関するある種類または特定の事項の委任を受けた使用人のうち、重要な権限を有する者については、取締役会において選任するが（会社法362条4項3号）、その際、同時に権限の具体的範囲（部分的制限）等について決議されることもある。ただし、これらの者の代理権に加えた制限については善意の第三者に対抗できないものとされている（同法11条3項、14条2項）。

(2)　取締役としての権限

　他方で、従業員兼務取締役は会社との間で委任契約に基づいて取締役としての地位も有することから、取締役としての権限も有することとなる。

　すなわち、取締役は取締役会の構成員として会社の業務執行についての意思決定を行うとともに、取締役の職務の執行の監督および代表取締役の選定および解職の権限を有している（会社法 362 条 2 項）。

　さらに、取締役は、取締役会の招集を請求し、一定の場合には自ら招集することができ（会社法 366 条 2 項、3 項）、株主総会決議取消の訴えのほか、設立無効の訴え、新株発行無効の訴えや合併無効の訴え等の会社組織に関する訴えを提起する権限を有している（同法 831 条、828 条）。

2　従業員兼務取締役の義務

(1)　従業員としての義務

　従業員兼務取締役も従業員としての地位を有する以上、従業員として社内規程等の社内ルールによって定められた守秘義務等の義務を負う。

　さらに、それらの従業員兼務取締役が支配人に該当する場合には、精力分散防止義務および競業避止義務を負うものとされている（会社法 12 条 1 項）。すなわち、会社の許可を受けなければ、自ら営業をしたり、自己または第三者のために会社の事業の部類に属する取引を行ったり、他の会社または商人の使用人となったり、他の会社の取締役、執行役または業務を執行する社員となることが禁止されている。

　また、従業員兼務取締役がある種類または特定の事項の委任を受けた使用人に該当する場合、法律の明文上は競業避止義務を課されてはいないが、雇用契約上、競業避止義務を付随的義務として負っていると考えられる（弥永真生『リーガルマインド　商法総則・商行為法〔第 2 版補訂版〕』（有斐閣、2014）80 頁）。

(2)　取締役としての義務

　従業員兼務取締役は取締役であるため、取締役としての以下の義務を負う。

ア　善管注意義務

会社とその取締役との関係は委任に関する規定に従うものとされていることから（会社法330条）、取締役はその職務を遂行するにつき、善良な管理者としての注意義務を負う（民法644条）。その注意義務の水準は、その地位・状況にある者に通常期待される程度のものとされ、特に専門的能力を買われて取締役に選任された者については、期待される水準は高くなるとされている（江頭憲治郎『株式会社法〔第7版〕』（有斐閣、2017）434頁）。

イ　忠実義務

取締役は、法令・定款および株主総会の決議を遵守し、会社のため忠実にその職務を行わなければならないという忠実義務を負っている（会社法355条）。

ウ　競業避止義務

取締役が自己または第三者のために会社の事業の部類に属する取引をしようとするときは、取締役会設置会社においては、その取引についての重要な事実を開示して取締役会の承認を受けなくてはならない。そして、競業取引をした取締役は、取引後遅滞なく当該取引についての重要な事実を取締役会に報告しなければならない（会社法365条、356条1項1号）。

エ　利益相反取引

取締役が当事者として（自己のために）、または他人の代理人・代表者として（第三者のために）、会社と取引をしようとするときは、取締役会設置会社においては、その取引につき重要な事実を開示して取締役会の承認を受けなければならない。また、会社が取締役の債務を保証する等、取締役以外の者との間で会社・取締役間の利害が相反する取引をしようとする場合も同様である。そして、利益相反取引をした取締役は、取締役会設置会社においては、取引後遅滞なく取引についての重要な事実を取締役会に報告しなければならない（会社法365条、356条1項2号、3号）。

(3)　両者の義務の関係

　このように従業員兼務取締役は、従業員としての義務と取締役としての義務の両者を遵守しなければならないこととなり、これらの義務はいずれも会社の利益を損なわないようにするという点では重複する部分も多いものと思われる。

　他方で、たとえば、従業員兼務取締役が代表取締役から粉飾決算等の違法な行為を行うことを命じられた場合のように、従業員として、形式的には労働契約に基づき業務命令に従う義務を負っているのに対して、取締役としてはそのような代表取締役の違法な行為を監視監督すべき善管注意義務を負っているため、両者の義務が抵触する場面も考えられる。

　もっとも、そのような違法行為を命じる当該代表取締役の業務命令はそれ自体が無効であるというべきであり（最判昭和61・3・13集民147号237頁参照）、当該従業員兼務取締役にそのような命令に従う義務は生じないと考えられること、また、社会通念からすれば、そういった場面では取締役としての善管注意義務が当然に優先されるものと思われることから、結果として、業務命令に従わなかったとしても従業員としての義務違反とはならないものと解される。

> Q7　従業員兼務取締役が負っている善管注意義務は、通常の取締役が負う善管注意義務と何か違うところがあるのでしょうか。

Q6 で述べたとおり、従業員兼務取締役は、従業員としての権限と取締役としての権限を併せ持つとともに、従業員としての義務と取締役としての義務の両方を負うことになる。

では、従業員を兼務しているか否かにより、取締役として負う善管注意義務の内容に違いは生じるのだろうか。

1　前提（権限の違い）

前提として、取締役は、取締役会の構成員として、会社の業務執行についての意思決定を行うほか、取締役の職務執行を監督する権限等を有している（会社法 362 条 2 項）。この点につき、従業員兼務取締役とそれ以外の取締役（ここでは、従業員を兼務していないだけでなく、代表取締役や業務担当取締役としての選定もされていない取締役を指すものとする。以下「非兼務取締役」という。）との間に差はない。

他方、Q2 で述べたように、従業員兼務取締役は、業務担当取締役として選定されていなくても、従業員の立場で所管している部門については、事実上、業務執行権限を有していると考えられる。これに対し、非兼務取締役は、業務執行権限を有していないという違いがある。

2　善管注意義務の内容の違い

取締役は、与えられた権限の行使に関して善管注意義務を負っていることを考えると、上記 1 で述べた権限の差は、善管注意義務の内容の違いを生むことになる。

すなわち、非兼務取締役は、主に、取締役会の構成員として関与した業務執行の意思決定や取締役の職務執行の監督に関して善管注意義務を負うのに対し、従業員兼務取締役は、これに加え、従業員の立場で所管している部門の業務執行に関しても善管注意義務を負うということになる。

3　具 体 例

　この違いがどのような結論の差を生むのかについて、取締役が従業員として本部長を兼務している部署で不祥事が発生したという具体例で検討する。

(1)　本部長を兼務する取締役の責任

　本部長を兼務する取締役は、当該部署を所管しているのであるから、当然、その不祥事を把握しやすい立場にいる。仮に実際に不祥事を把握していたにもかかわらず何らの是正措置も講じていなかったのだとすれば、業務執行権限を適切に行使していないということになるから、任務懈怠責任は免れないであろう。また、仮に不祥事を把握していなかったとしても、把握できなかったこと自体がその部署の体制上の不備によるものであれば、本部長を兼務する取締役は、業務執行者として、当該部署において適切な体制を整備すべき善管注意義務に違反したものとして、やはり、任務懈怠責任を問われる可能性が否定できないと思われる。

(2)　非兼務取締役の責任

　他方、非兼務取締役も、仮にその不祥事の存在を把握していたにもかかわらず何の手段も講じなかったのだとすれば、取締役会の構成員としての監督権限を行使すべき義務を怠ったとして善管注意義務違反に問われるであろう。もっとも、非兼務取締役は、業務執行に携わらないため、情報を入手しにくい立場にあり、不祥事の存在を知らない（そしてそれがやむを得ない）という場合が多いと思われる。その場合は、監督権限を行使しようがないのであるから、善管注意義務違反に問われる可能性は低いと考えられる。

　なお、非兼務取締役も、取締役会の一員として、内部統制システムの基本方針を決議する義務を負う（会社法 362 条 4 項 6 号）ほか、当該方針に沿った具体的な内部統制システムを構築し、その運用の状況を監督する義務を負っている。よって、不祥事の原因が内部統制システムの構築または運用上の不備にあるようなケースでは、非兼務取締役も善管注意義務違反に問われる余地が出てくることにはなる。もっとも、具体的な

内部統制システムの構築や、とりわけ運用について責任を負っているのは業務執行取締役であり、取締役会には、運用状況の一部が抽象化された形で報告されたり、その監査結果が報告されたりするに過ぎない。よって、非兼務取締役が内部統制システムの構築や運用の不備に関して責任を問われ得るのは、たとえば、そもそも取締役会が決議した内部統制システムの基本方針が不適切であったとか、内部統制システムの不備について監査等において指摘されていたにもかかわらず見逃したなどといったケースに限られることになる。

4　「ダスキン肉まん事件」判決

　なお、「使用人（従業員）兼務取締役としての善管注意義務」（括弧内は筆者による）という表現が用いられた裁判例がある。いわゆる「ダスキン肉まん事件」の地裁判決と高裁判決である（大阪地判平成16・12・22判タ1172号271頁、大阪高判平成18・6・9判タ1214号115頁）。この件は、株式会社ダスキンがフランチャイズ展開する「ミスタードーナツ」で販売された肉まんに未認可添加物が混入していた事件を巡り、株主が同社役員らを訴えた株主代表訴訟である。

　未認可添加物の混入に関し、ミスタードーナツフランチャイズ事業本部の本部長を兼務する取締役の責任を判断するにあたって裁判所が使用したのが「使用人兼務取締役としての善管注意義務」という表現である。地裁・高裁ともに、結論としては、当該取締役に「使用人兼務取締役としての善管注意義務違反は認められない。」としたものの、ミスタードーナツフランチャイズ事業本部がどのような品質確保体制を整備していたのか、そしてそれが十分なものであったといえるかについて、かなり詳細な認定を行っている。これに対し、他の取締役の責任については、「監視義務の懈怠は認められない。」という一言で済ませている。不祥事に関わりの深い部署の従業員を兼務している取締役とそれ以外の取締役とでは、不祥事の防止に関して負っている善管注意義務の内容が異なり得ることを示す一例といえるだろう。

Q8　従業員兼務取締役との間で責任限定契約を締結することはできますか。

1　平成 26 年会社法改正前

(1)　責任限定契約を締結できる取締役

　責任限定契約とは、定款の定めに基づき、会社と取締役とが契約を締結することにより、当該取締役の責任の限度額をあらかじめ定めるものである（会社法 427 条 1 項）。

　責任限定契約を締結できる取締役の範囲は法律で規定されており、平成 26 年会社法改正前においては「社外取締役等」に限定されていたため、社外取締役でない取締役や社外監査役でない監査役は、責任限定契約を締結することはできなかった。

(2)　従業員兼務取締役の場合

　従業員兼務取締役についてみた場合、平成 26 年会社法改正前においては責任限定契約を締結できないことは明らかであった。なぜなら、「社外取締役等」といえるためには当該会社の業務執行取締役や使用人でないことが要件となることは、会社法の条文を精緻に検討するまでもない帰結であるところ、従業員兼務取締役は従業員の身分を有する以上当然に会社の「使用人」に該当し、「社外取締役等」になり得ないことに疑いの余地がなかったからである。

2　現行会社法での適用

(1)　責任限定契約についての改正

　ところが、平成 26 年の会社法改正により、責任限定契約を締結できる取締役の範囲の区分けが変わった。

　すなわち、それまでの「社外」かどうかではなく、「業務執行」を行うかどうかで区分することとなり、社外取締役でなくとも、「業務執行取締役等」でない取締役であれば責任限定契約を締結できることになったのである。

(2)　従業員兼務取締役との締結の可否

　では、現行法では従業員兼務取締役が責任限定契約を締結できる場合があるのだろうか。社外取締役等に比べると「業務執行取締役等」は一見してその対象範囲が明確でなく、業務執行を行っていなければ締結できる余地があるようにも思えるところである。

　しかし、会社法の条文を丹念に読み解くと、まず「業務執行取締役」（会社法 2 条 15 号イ）とは、①代表取締役、②取締役会の決議によって株式会社の業務を執行する取締役として選定された者、③会社の業務を執行したその他の取締役の 3 種類が含まれるところ、従業員兼務取締役は③に該当すると一般に考えられている（詳しくは Q29 を参照されたい）。

　また、仮に「業務執行取締役」に該当しないと考えたとしても、業務執行取締役「等」には、会社の「使用人」も含まれるところ（会社法 2 条 15 号イ）、前記のように従業員兼務取締役は従業員の身分を有する以上当然に「使用人」に該当するため、結局のところ「業務執行取締役等」に該当することになる。

　したがって、（現行法の下でも）従業員兼務取締役との間で責任限定契約を締結することはできない。

(3)　責任の一部免除

　なお、責任限定契約は締結できないとしても、株主総会の特別決議や定款の定めに基づく取締役会の決定による責任の一部免除の対象には従業員兼務取締役も含まれる。もっとも、その場合の最低責任限度額を算定する際の倍率（①代表取締役は（職務執行の対価として受ける財産上の利益 1 年分の）6 倍、②業務執行取締役等は 4 倍、③業務執行取締役等以外は 2 倍）は、③ではなく②が適用されることになる（会社法 425 条 1 項 1 号）。

Q9　従業員兼務取締役が、会社の業務に関して行った行為により、会社以外の第三者に対して責任を負うのはどのような場合でしょうか。

1　会社の役職員における第三者責任の類型

(1)　一般不法行為

会社の役職員が会社の業務に関して行った行為により、会社以外の第三者に損害を与えた場合、その行為が当該役職員の故意または過失により行われたのであれば、役職員の地位（取締役か従業員か）にかかわらず、まず一般不法行為（民法 709 条）に基づいて損害賠償責任を負う。

(2)　取締役の会社法上の第三者責任

このような一般不法行為に加えて、株式会社の取締役については、会社法上に特別な第三者責任規定が設けられている。

すなわち、取締役は会社に対して善管注意義務を負っているところ、取締役が悪意または重過失により、善管注意義務に違反し（「任務懈怠」）、それによって第三者に損害を与えた場合には、法定の損害賠償責任を負う（会社法 429 条 1 項）。

(3)　2 つの責任類型の違い

以上の 2 つの責任類型を比べると、取締役の第三者責任のほうが要件が厳しい（軽過失では足りず重過失が必要となる）ため、一見すると適用場面が少ないのではとも思えるが、実際には取締役の第三者責任が問題となることが非常に多い。

その理由としては、主張・立証すべき対象が一般不法行為とは異なることが挙げられる。すなわち、損害を受けた第三者が一般不法行為に基づいて賠償請求する場合、具体的な加害行為について役職員に故意・過失のあることを主張・立証しなければならないのに対し、取締役の第三者責任を追及する場合には、（加害行為自体についての故意・過失を立証できなくとも）取締役の任務懈怠について悪意・重過失を主張・立証できれば足りる。

しかも、取締役の「任務懈怠」には監視・監督義務違反なども広く含まれる上、いわゆる間接損害（取締役の任務懈怠によって会社に損害が生じ、その結果として第二次的に第三者が損害を受けた場合）についても請求が可能となる点で、責任が認められる範囲が広範といえる。

2　従業員兼務取締役の第三者責任

(1)　基本的な考え方

では、従業員兼務取締役の行為により第三者が損害を受けた場合、その責任はどのように考えるべきであろうか。この点、従業員兼務取締役に特化した議論は存在しないが、従業員兼務取締役は従業員の地位と取締役の地位を併せ持つのであるから、基本的には以下のように整理できると考えられる。

①　従業員としての責任

加害行為（従業員としての職務行為）につき故意・過失があれば一般不法行為に基づく責任を負う（なお、この場合は会社も使用者責任（民法715条）を負うが、会社が賠償しても従業員は会社から求償を受ける立場にある）。

②　取締役としての責任

(i)悪意・重過失による任務懈怠があれば取締役としての第三者責任を負い、(ii)任務懈怠が直接の加害行為と評価される場合、故意・過失があれば一般不法行為に基づく責任も併せて発生する

(2)　従業員兼務取締役の責任範囲

もっとも、現実には問題となった従業員兼務取締役の行為が、「従業員としての職務」なのか「取締役としての職務」なのかを明確に判断し難い場合も多いと思われる。

むしろ、着目すべきは責任を負うべき範囲である。すなわち、従業員兼務取締役は1人で取締役と従業員という2つの地位を有するため、その職務範囲もそれに応じて拡大する結果、責任の範囲も広範となる（上記のように①も②も責任の対象となり得る）ことに留意が必要である。

そこで、以下、従業員兼務取締役が第三者に対して責任を負う場合について具体的に検討する。

3　具体例から見る従業員兼務取締役の責任

⑴　自ら違法行為を行ったケース

　会社の役職員が直接的に第三者に損害を与える事例としては、たとえ
ば違法な投資勧誘や産業廃棄物の不法投棄などが挙げられるが、まず従
業員兼務取締役が自らこれらの違法行為を行った場合については、損害
を与えた第三者に対して責任を負うべきことに異論はない。

　なぜなら、当該行為が従業員としての職務であろうと取締役の職務で
あろうと、明確な違法行為であれば通常は故意・(重) 過失が認められ、
一般不法行為責任または取締役としての第三者責任を負うべきことは明
らかであるからである。

⑵　他の役職員が違法行為を行ったケース

　では、同じ会社に属する他の役職員が違法な投資勧誘や産業廃棄物の
不法投棄を行っていた場合、従業員兼務取締役はどのような責任を負う
であろうか。

　まず、従業員兼務取締役が他の役職員に違法な行為を指示していたと
いった特殊な事情がない限り、加害行為自体についての故意・過失は認
めにくいであろうから、一般不法行為に基づく責任は負わないのが原則
であろう。

　しかし、取締役としての職務の観点 (任務懈怠の有無) はまったく別の
問題である。すなわち、株式会社の取締役は、取締役会の構成員として、
会社の業務および財産の状況を把握し、会社の業務執行が適切かつ妥当
に行われるように取締役の職務執行を監視する義務を負っており、しか
もこの監視義務は取締役会に上程された事項だけでなく、それ以外の会
社の業務執行一般に及ぶと解されている。

　したがって、違法行為を行ったのが他の役職員であっても、監視義務
違反を問われる可能性は十分存在し、実際、代表取締役が主導したとさ
れる廃棄物の不法投棄・埋設につき、平取締役に監視義務違反に基づく
責任が認められた判例 (東京高判平成 15・5・29 判例地方自治 266 号 58 頁)
もある。

(3)　間接損害のケース

　さらに、不法投棄のような直接的な違法行為でなくとも、放漫経営により会社が倒産し、それによって会社債権者が損害を受けたという間接損害のケースはどうであろうか。

　間接損害のケースではまず代表取締役の責任が問われるのが通常であるが、会社経営が悪化している状況を知った平取締役は代表取締役が経理上の不正をしないよう十分な監視をすべきとする判例（高松高判平成元・9・11判時 1338 号 151 頁）もあることからすれば、間接損害ケースでも監視義務違反が認められる可能性は十分にあるといえる。

(4)　監視義務違反が認められる程度

　では、取締役は監視義務を履行するにあたり、どの程度まで注意を払わなければならないのであろうか。

　この点、容易に知り得た事項でないことを理由に取締役の監視義務違反を否定した判例がある一方で、他の取締役に業務執行を任せきりにしていた取締役の責任を問う判例は多く、また名目的な取締役であっても取締役である以上は監視義務は免れないと判断した判例（東京高判平成23・12・7判タ 1380 号 138 頁）も存在する。

　したがって、従業員兼務取締役において、取締役は形式的な肩書だけで実質は専ら指揮命令を受ける従業員だったようなケースでも、取締役である以上は監視義務違反による責任を問われる可能性があることを意識し、会社の財産や他の取締役の執行の状況を安易に見過ごさないよう十分留意すべきである。

(5)　書類等の虚偽記載をした場合

　なお、以上の任務懈怠の他にも、取締役が法定の書類に虚偽の記載をした場合には、会社法上の第三者責任を負う（会社法 429 条 2 項）。特に、上場会社としての開示書類（有価証券報告書等）に虚偽記載があった場合には金商法上の責任も負う可能性があることには注意が必要である（金商法 21 条 1 項ほか）。

> Q10　従業員兼務取締役が退任しましたが、ライバル企業に再就職しました。競業避止義務や秘密保持義務に違反している可能性があるため、その責任を追及したいと思いますが、公序良俗違反となるため追及できないかもしれないと聞きました。どういうことでしょうか。

1　問題状況

　従業員兼務取締役の場合、その地位・役職から、一般の従業員と比べて会社の機密情報に接していることが多い。また、その知識・経験は豊富であり、競合企業からのヘッドハンティングの対象にもなりやすい。

　それゆえ、実務上、従業員兼務取締役に対して、在任・在職中はもとより、退任・退職後も競業避止義務や秘密保持義務（以下「競業避止義務等」という）を課していく必要性が高い。会社は、あらかじめ、以下に述べる競業避止義務等の法的根拠および有効性を意識した上で的確な手当てを講じておく必要がある。

2　在任・在職中の競業避止義務等

　従業員兼務取締役は、その在任・在職中、取締役として会社法 356 条 1 項に基づき競業避止義務を負い、従業員としても労働契約に付随する信義則に基づき競業避止義務を負っている（労契法 3 条 4 項参照）。秘密保持義務に関しても同様であり、その法的根拠は会社法 330 条および労働契約に付随する信義則に求められる。もちろん、個別合意や役員規程、就業規則等に従業員兼務取締役が競業避止義務等を負うことを規定した条項があれば、これらの条項も法的根拠の 1 つとなる。

3　退任・退職後の競業避止義務等

　これに対して、退任・退職後の従業員兼務取締役は、競業避止義務等を退任・退職後も負う旨が規定された個別合意や役員規程、就業規則等（以下「個別合意等」という）が存在しない限り、これらの義務を負わない、という見解が有力である（荒木尚志ほか『詳説労働契約法〔第 2 版〕』（弘文堂、2014）285 頁、江頭憲治郎『株式会社法〔第 7 版〕』（有斐閣、2017）443 頁）。

　したがって、設例のように退任・退職後の従業員兼務取締役に対して競業避止義務等の違反を理由に法的責任を追及するためには、まずは個別合意等の存在を確認する必要がある。

　仮に個別合意等が存在しない場合は、民法709条に基づく不法行為責任や（秘密保持義務違反につき）不競法4条に基づく法的責任を問えないかを検討することになるが、そのハードルは高い。個別合意等は取締役への就任時であれば比較的取得しやすいので、その際に取得を試みるとよいだろう（もっとも、就任時に取得する場合、具体的な業務遂行前のため、個別合意等が抽象的な内容になりがちである。その結果、下記4(3)の観点から有効性に疑義が生じやすくなる）。

4　個別合意等の有効性の判断基準

　当然のことながら、個別合意等は、退任・退職後の従業員兼務取締役の職業選択の自由や営業の自由を少なからず制限することになる。それゆえ、個別合意等は無条件かつ全面的に有効と取り扱われるわけではなく、民法90条に基づく公序良俗違反無効の規制に服する。

　裁判実務上、競業避止義務条項の有効性については、①会社の利益、②従前の地位、③制限の範囲、④代償措置の有無・内容を考慮して公序良俗違反か否かが検討判断されている。秘密保持義務条項の有効性についても、ほぼ同様の枠組みのもと検討判断されている（張睿暎『新・判例解説 Watch◆知的財産法 No. 123』（TKC ローライブラリー、2018）3頁）。

　以下では、上記①～④の各考慮要素について個別に説明する。

(1)　会社の利益（上記①）

　会社の利益として具体的に想定されるものは、技術上の秘密やノウハウ、顧客情報・顧客維持等である。

　会社が競業避止義務等の違反を理由に法的責任を追及したいと考えるからには、会社側に保護すべき利益が通常存在するはずである。その利益が会社業務の根幹を左右し保護の必要性が高ければ高いほど、個別合意等の有効性が肯定されやすくなる。

(2)　従前の地位（上記②）

　退任・退職後の従業員兼務取締役は、在任・在職中に、会社の利益として保護されるべき技術上の秘密等に触れ、顧客との間で強い関係性を有しているケースが多い。

　あくまでも個別具体的に検討判断されるべき事項であるが、従前の地位が高く、退任・退職後の従業員兼務取締役が触れていた技術上の秘密等が高度であればあるほど、また、顧客との関係性が重要かつ侵害の危険性が高ければ高いほど、個別合意等の有効性が肯定されやすい。他方、あくまでも技術上の秘密等の内容が抽象的であるとか、侵害の危険性が漠然としている場合は、個別合意等の有効性が否定されやすくなる。

(3)　制限の範囲（上記③）

　個別合意等に基づく競業避止義務等は、会社の利益を確保するために必要な範囲で課されるべきものと考えられている。それゆえ、制限期間や制限地域、制限される業務内容・対象等は、会社の利益との観点から合理的な範囲に限って認められるべきものと解されている。

　このうち制限期間が無制限である場合、その効力は極めて否定的に解されており、制限期間が 1、2 年間を超える場合は、長期間にわたらざるを得ない事情に関する相応の説得的な根拠が必要になる。また、業務内容・対象等の制限についても、従業員兼務取締役の担当業務とは関係なく、競合可能性のある会社への再就職や起業一般を禁止する内容だと、広範かつ抽象的に過ぎるとして無効と判断されやすくなる。これに対して、地域無制限の合意についてはそこまで厳しく判断されるわけではなく、他の考慮要素との兼合いで判断されることになる。

　会社とすれば、あらかじめ個別合意等を取得できたとしても事後的に無効であると判断されては意味がない。従業員兼務取締役はごく限られた人数に止まるのが通常であるから、それぞれの従業員兼務取締役の職務内容に照らして、会社の重要かつ具体的な利益を保護するために必要かつ合理的な制限範囲・内容を検討した上で、個別合意等を取得しておくべきだろう。

⑷　代償措置の有無・内容（上記④）

　上記のとおり、個別合意等は職業選択の自由や営業の自由を少なから
ず制限するが、それに見合う代償措置が講じられている場合は、個別合
意等が有効と判断されやすくなる。

　個別合意等の代償措置として支給される具体額は明確化されているこ
とが望ましい。代償措置が具体化されることで、会社が従業員兼務取締
役に対して個別合意等の締結を打診するのが在任・在職中（取締役就任時
を含む）であれば、役員報酬のうちいくらが個別合意等の締結に応じる
ことの代償措置分であり、仮に締結に応じなければ代償措置分が得られ
ない旨を説明することができる。また、打診のタイミングが退任・退職
時であれば、締結に応じれば代償措置として別途一定額を支給すること
を明示することができる。このような対応は、従業員兼務取締役に個別
合意等の締結に関するインセンティブを付与するものであるから、個別
合意等の締結の可能性も高まるだろう。

　もっとも、実務上、税務や会社法や有価証券報告書等に関する開示の
問題もあり、そこまで手厚い対応を行っている事例はほとんどみられず、
裁判所も公序良俗違反か否かを判断するにあたり、上記のような対応が
必要不可欠とまでは位置付けていない。多くの事例では、結局、従業員
兼務取締役に対する報酬や給与の算定根拠等を踏まえつつ、その金額が
退任・退職後の競業避止義務等を課すのに十分といえるか否かが事後的
に検討されているのが現状といえるが、個別合意等の有効性を高めるた
めにも、上記のような対応を積極的に検討すべきである。

5　ま と め

　設問のようなケースでは、個別合意等が存在することを前提に、まず
は、退任・退職後の従業員兼務取締役がどのような会社の利益を侵害し
ているのか、またはその侵害の危険性がどの程度あるのかを検討するこ
とになる。

　会社の利益が大きく侵害されるような場合は、会社として放置するわ
けにはいかないから、一般的には、まずは弁護士名義の内容証明郵便に
よって警告書を送付することになる。そして、それにもかかわらず、退

任・退職後の従業員兼務取締役が競業行為や秘密の漏洩行為、目的外利用行為を継続するようなときは、上記 4 の枠組みのもと個別合意等の全部または一部が無効と判断されてしまうリスクを念頭に置きつつ、競業または秘密情報の使用の禁止・差止めの仮処分命令の申立てや損害賠償請求訴訟の提起といった法的措置を講じていくことになろう。

▎第4節　報　　酬

> Q11　従業員兼務取締役の報酬の決定に際し考慮すべき事項はありますか。

1　税務面での留意点

　従業員兼務取締役という形態が広く用いられる理由の1つとして、従業員分給与の税法上の有利な取扱いが挙げられる。そのため、実務上、従業員兼務取締役に対しては、経済的利益の大部分が従業員分給与として支払われるのが一般的である。

　従業員兼務取締役の取締役報酬および従業員給与の決定に際しては、このような税法上の取扱いに留意する必要がある。

　なお、これらの決定における手続上の留意点については、Q13 を参照されたい。

2　税法上の役員の報酬等の扱い

⑴　役員給与の損金不算入

　法人税法上、役員給与とは、役員に対して支給する報酬、賞与、退職給付、ストック・オプションなど役員としての職務執行の対価として支給されるものをいう。

　役員給与（退職給与で業績連動給与に該当しないものおよび従業員兼務役員の従業員分給与を除く）については、その支給の恣意性を排除するべく、原則として損金に算入されないこととされており（法人税法34条1項柱書）、例外的に、支給時期・支給額に対する恣意性が排除され、または、その適正性・透明性が担保されているものとして法定された類型（①定期同額給与、②事前確定届出給与、③業績連動給与）に該当し一定の要件を満たす場合に限り、損金に算入される（同法34条1項各号）。

　従業員兼務取締役の取締役としての報酬等は役員給与にあたることから、退職給与のうち業績連動給与に該当しないものを除き、上記要件を満たさない限り、損金に算入されない。

　また、定期同額給与、事前確定届出給与または業績連動給与としての

要件を満たす場合であっても、不相当に高額な部分または不正経理によるものは、隠れた利益処分により法人税の負担軽減を図ることを防止するべく、損金に算入されないこととされている（法人税法 34 条 2 項、3 項）。

　なお、従業員兼務役員の役員としての報酬等が不相当に高額か否かは、定款または株主総会において役員給与の限度額等に従業員兼務役員の従業員分の給与を含めない旨を定めまたは決議している場合、従業員分給与を含めない額について判断される（法人税法施行令 70 条 1 号ロかっこ書、法人税基本通達 9-2-22）。

(2)　退職給与のうち業績連動給与に該当しないものの扱い

　役員給与に対する退職給与で業績連動給与に該当しないもの（いわゆる功績倍率法に基づいて支給する退職慰労金等が考えられる）は、原則として損金に算入される（法人税法 34 条 1 項柱書かっこ書）。ただし、不相当に高額な部分または不正経理によるものについては、損金に算入されないこととされている（同法 34 条 2 項）。

3　税法上の従業員兼務役員の従業員分給与の扱い

　これに対し、従業員兼務役員の従業員分給与については、原則として損金に算入される（法人税法 34 条 1 項柱書かっこ書）。

　ただし、他の従業員に対する賞与の支払時期と異なる時期に従業員兼務取締役に従業員分の賞与を支給した場合、当該賞与は、不相当に過大な役員給与として扱われる（法人税法施行令 70 条 3 号）。

4　税法上の従業員兼務役員の範囲

　会社法と異なり、法人税法は従業員兼務役員の範囲について明文の規定を置いている。

　すなわち、法人税法上の「使用人（従業員）としての職務を有する役員」とは、役員のうち、部長、課長その他法人の使用人（従業員）としての職制上の地位を有し、かつ、常時従業員としての職務に従事するものをいうとされている（法人税法 34 条 1 項柱書、同条 6 項）。ここで、使用人（従業員）としての職制上の地位とは、支店長、工場長、営業所長、支配

人、主任等法人の機構上定められている従業員たる職務上の地位をいい、取締役等で総務担当、経理担当というように法人の特定の部門の職務を統括しているに過ぎないもの（Q2で述べたいわゆる業務担当取締役）は、従業員兼務取締役に該当しない（法人税基本通達9-2-5）。

　また、社長、理事長その他政令で定めるものは、従業員兼務取締役から除外される（法人税法34条6項かっこ書）。政令で定めるものとは、①代表取締役、代表執行役、代表理事および清算人、②副社長、専務、常務その他これらに準ずる職制上の地位を有する役員、③合名会社、合資会社および合同会社の業務を執行する社員、④取締役（指名委員会等設置会社の取締役および監査等委員である取締役に限る）、会計参与および監査役ならびに監事および⑤同族会社の役員のうち、一定の同族判定株主グループに属し、かつ、その持株比率が5％を超えている者である（同法施行令71条1項1号～4号）。

　Q1のとおり、代表取締役以外のいわゆる役付取締役につき会社法上従業員との兼務が認められるかは議論があるところであるが、少なくとも法人税法上は従業員兼務取締役の範囲が明文で画されており、役付取締役は除外されている点に留意が必要である。

> Q12　当社は取締役の報酬体系を変更したいと考えており、固定報酬を
> 減額し、その代わりに業績連動報酬を増額することを検討しています。従
> 業員兼務取締役については、固定報酬に加えて使用人給与の減額も行い
> たいと思いますが、どのような手続が必要ですか。

1　従業員兼務取締役に対する労働関係法令の適用

　従業員兼務取締役の場合、従業員部分の待遇（労働条件）には労契法や
労基法といった労働関係法令が適用される。それゆえ、従業員兼務取締
役の場合であっても、会社が賃金を含む労働条件を不利益に変更する際
は、労働関係法令による規制に違反していないかを意識した上で実施す
る必要がある。

2　就業規則に具体的な労働条件が規定されている場合

　実務上少数と思われるが、就業規則（給与規程を含む）に従業員兼務取
締役への就任後の具体的な労働条件が規定されている場合、会社は、就
業規則を変更することにより使用人給与部分（賃金）を減額することが
できる。

　この場合、たとえ業績連動報酬が大きく増額して役員報酬と賃金の支
給合計額が増加するとしても、賃金の減額が生じる以上、就業規則の不
利益変更に該当することを前提に対応すべきである。なぜなら、「実質的
不利益変更が明瞭には認定できない場合、最高裁は、……『不利益変更』
の存否に関しては、新旧就業規則の外形的比較において不利益とみなし
うる変更があればよいとする傾向にある」（荒木尚志ほか『詳説労働契約法
〔第 2 版〕』（弘文堂、2014）134～135 頁）からである。

　したがって、会社とすれば、まずは従業員兼務取締役に対して業績連
動報酬のメリット等を丁寧に説明することによって、就業規則の変更に
関して同意が得られるよう努めるべきである（労契法 8 条参照）。

　これに対して、仮に従業員兼務取締役から同意が得られないときは、
就業規則の不利益変更の有効性の問題が生じることになる。すなわち、
当該不利益変更について、従業員兼務取締役の受ける不利益の程度、労

働条件の変更の必要性、変更後の就業規則の内容の相当性、労働組合等との交渉の状況その他の就業規則の変更に係る事情に照らして合理的か否かが問題になるため（同法 10 条本文）、会社とすれば、これらの各考慮事項を踏まえて合理性が確保できるよう留意しなければならない。

　なお、たとえ高額な役員報酬が別途支給されるとしても、労働者性が認められる以上、労基法や最低賃金法による規制を違反・潜脱するような賃金設定・支給はできないことにも注意すべきである（労契法 13 条）。たとえば、極端なケースであるが賃金を 0 円にする、賃金を年に 1 回まとめて支給するといった取扱いは認められない（労基法 24 条 2 項参照）。

3　就業規則に具体的な労働条件が規定されていない場合

　多くの企業では、従業員兼務取締役の具体的な労働条件、特に賃金等の個別性の高い労働条件は、会社（会長や社長）と従業員兼務取締役との間の明示または黙示の個別合意によって決定されていると思われる。

　したがって、会社は、従業員兼務取締役の賃金を減額するためには、当該従業員兼務取締役から同意（労契法 8 条）を取得する以外に方法がない。会社の一存で従業員兼務取締役の賃金を減額できるわけではない。

(1)　賃金減額の同意が取得できる場合

　従業員兼務取締役から賃金減額の同意が取得できる場合、特に問題は生じないが、後日その有効性が問題となった場合に備えて、同意は書面で取得する必要がある。また、同意書の取得にあたっては、同意が自由意思に基づくものであることを書面上明らかにするため、同意書に同意文言だけでなく、賃金減額の経緯・内容に関する会社の説明内容（設問の場合、取締役の業績連動報酬部分を増額する代わりに賃金を減額する等）を記載する必要がある。

　なお、このような場合であっても、労働関係法令による規制を受けることは上記 2 と同様であるし、就業規則の規定内容を下回る部分は無効となる（労契法 12 条、13 条）。したがって、給与規程上は部長職としての役職手当が支給されるはずなのに役職手当の一部または全部を支給しないといった取扱いは無効となる。

(2)　賃金減額の同意が取得できない場合

同意が取得できない場合、賃金の減額は困難とならざるを得ない。取締役としての地位の内容（委任契約の内容）次第ではあるが、役員報酬（固定報酬および業績連動報酬）の算定基準・算定方法を見直す方向で対応せざるを得ないだろう。

4　ま と め

従業員兼務取締役の場合であっても、通常の従業員の場合と同様、会社が労働関係法令を無視して賃金を減額できるわけではない。

会社は、従業員兼務取締役の待遇が問題となるようなケースでは、人事部や法務部に協力を依頼して労働関係法令による規律を十分認識した上で、その対応を検討すべきである。

Q13　従業員兼務取締役の報酬の決定手続について教えてください。

1　会社法上の報酬規制

取締役の報酬、賞与その他の職務執行の対価（報酬等）については、会社法上、定款または株主総会の決議により決定することが必要とされている（会社法361条1項柱書）。

具体的には、①金額が確定しているものについてはその金額、②金額が確定しないものについては金額の具体的な算出方法、③金銭でないものについてはその具体的な内容の決議が必要である（会社法361条1項各号）。

このような報酬規制の趣旨は、取締役同士がなれ合いによって報酬額を釣り上げるという弊害（お手盛り）が生じることを防止する点にあると考えられている。

なお、一度報酬総額について決定された後は、その範囲内で報酬を支給することについて、毎年株主総会決議を経る必要はない。

2　従業員としての職務執行の対価についての株主総会決議

では、従業員兼務取締役が取締役としての報酬とは別に従業員としての職務執行の対価、すなわち給与の支給を受ける場合、当該給与の決定についても株主総会の決議が必要であろうか。

Q11 のとおり、実務上は、従業員兼務取締役が会社から受ける利益の大半を従業員としての給与が占めることが一般的である。そうすると、従業員としての給与について常に株主総会決議を要しないとすると、取締役の報酬規制が潜脱される危険がある。

そこで、判例は、①使用人（従業員）として受ける給与等の体系が明確に確立されている場合において、②別に使用人として給与を受けることを予定しつつ、取締役として受ける報酬額のみを株主総会で決議することは、報酬規制の脱法行為にはあたらないとして、条件を付して株主総会の決議は不要であるとした（最判昭和60・3・26集民144号247頁）。このような場合には、取締役が会社から受ける利益が過多でないかについ

て株主総会がその監視機能を十分に果たせなくなるとは考えられないというのがその理由である。

　そして、別に従業員として給与を受けることを予定しているといえるためには、報酬決議に際して、決議額は従業員としての職務執行の対価を含まない額であることを明らかにする必要があると考えられている。

　上記判例を受けて、実務上は、従業員としての職務執行の対価を含まない額であることを明示した上で、取締役としての職務執行に相当する部分についてのみ株主総会で決議をするのが一般的な取扱いとなっている。

　なお、退職慰労金については、別に従業員に対する退職慰労金の支給規程があり、その支給規程に基づいて支給されるべき従業員としての退職慰労金部分が明白であれば、当該部分につき報酬規制の適用を受けないと考えられている（大阪高判昭和 53・8・31 下民集 29 巻 5〜8 号 537 頁）。

3　従業員としての職務執行の対価についての取締役会決議

　従業員としての職務執行の対価の決定について株主総会決議を要しない場合であっても、取締役に対する従業員分給与の支給はいわゆる利益相反取引にあたり、取締役会設置会社では取締役会の承認が必要であると考えられている（会社法 365 条 1 項、356 条 1 項 2 号）。

　判例は、あらかじめ取締役会の承認を得て一般的に定められた給与体系に基づいて給与を受ける場合には、その都度改めて取締役会の承認を受ける必要はないとしているが（最判昭和 43・9・3 集民 92 号 163 頁）、実務上は、取締役に従業員としての地位を委嘱する取締役会の決議の後に、給与規程に基づき従業員としての給与を支払う旨の決議をするのが一般的である。

> Q14　取締役の責任免除（会社法 425 条や 426 条）の場面で問題となる
> 最低責任限度額の算定の基礎となる基準報酬額に、従業員兼務取締役の
> 従業員分給与は含まれるのでしょうか。

1　役員等の任務懈怠責任

取締役、監査役、会計監査人等の株式会社の役員等は、その任務を怠
り、会社に損害を与えた場合、これを賠償すべき責任を負う（会社法 423
条 1 項）。

2　役員等の責任の免除または限定

上記 1 の役員等の責任は、株主全員の同意がない限り免除できないの
が原則である（会社法 424 条）。

しかしながら、これでは、軽微な過失により巨額の損害賠償責任を負
担することを警戒し、役員等が委縮するおそれがある。

そこで、会社法は、①株主総会決議による責任の免除（会社法 425 条）、
②取締役会決議等による責任の免除（同法 426 条）、③責任限定契約（同
法 427 条）という役員等の責任免除または限定のための制度を用意して
いる。

このうち、③の責任限定契約については、従業員兼務取締役は業務執
行に携わることから対象から除外されているため（会社法 427 条 1 項）、
従業員兼務取締役に適用され得るのは①および②である。

3　最低責任限度額

上記①および②の制度は、「最低責任限度額」と呼ばれる金額を超過す
る部分について、役員等の責任の免除を認めたものである。最低責任限
度額は、いずれも、役員等の数年分の職務執行の対価の額に新株予約権
の行使による利益を加算して算定される金額である。

最低責任限度額の算定の基礎となる職務執行の対価には、従業員兼務
取締役の場合、従業員（使用人）としての職務執行の対価の額も含まれる
（会施規 113 条）。これは、役員としての職務執行の対価を少なくし、従業

員としての職務執行の対価を多くすることにより、最低責任限度額を設けた法の趣旨を潜脱することを防止するためであると考えられている。

Q11 のとおり、実務上は、従業員兼務取締役が会社から受ける利益の大部分を従業員としての給与が占めることが一般的であるが、そのような報酬体系により役員等の最低責任限度額が減少するということはない。

4 責任免除後の退職慰労金等の支給

役員等の責任の一部免除がなされた後、会社が役員等に退職慰労金等の財産上の利益を与えるときは、株主総会の普通決議による承認を要するとされている（会社法 425 条 4 項前段、426 条 8 項）。その趣旨は、責任免除後に高額の退職慰労金が支給されるなどして最低責任限度額を定めた法の趣旨が没却されるのを防止する点にあると考えられている。

そして、この退職慰労金等には、従業員兼務役員が受け取る従業員としての退職手当のうち、従業員兼務期間の従業員としての職務執行の対価である部分も含まれる（会施規 115 条）。

このことによっても、役員としての退職慰労金の額を減らし、従業員としての退職手当を増やすことによる制度の潜脱が防止されている。

> Q15　従業員兼務取締役の報酬についてはどのような開示が必要になりますか。

1　概　要

　取締役の報酬等については、法令および有価証券上場規程上、一定の開示が必要となる。具体的には、①株主総会参考書類による開示、②事業報告による開示、③計算書類による開示、④有価証券報告書による開示および⑤コーポレート・ガバナンスに関する報告書（以下「コーポレート・ガバナンス報告書」という）による開示が必要となる。

　従業員兼務取締役についても、取締役としての報酬等に関し、これらによる開示が必要となることは他の取締役の場合と同様である。注意を要するのは、従業員兼務取締役の従業員分給与についても開示が必要となる場合がある点である。

2　株主総会参考書類による開示

　Q13 のとおり、取締役の報酬等の決定は株主総会の決議によることが必要である（会社法 361 条 1 項）。したがって、その決議にあたり、書面または電磁的方法による議決権行使を認める会社では、株主総会参考書類において、報酬等の額の算定の基準などの会社法施行規則所定の事項を記載する必要がある（会施規 73 条 1 項、82 条 1 項）。

　従業員兼務取締役の従業員分給与については、Q13 のとおり、明確に確立された給与体系に基づき支給されるものであれば、取締役としての報酬にはあたらないから、従業員分給与の算定基準について記載する必要はない。

　もっとも、かかる取扱いの前提として、決議額が従業員分給与を含まない額であることを明らかにして決議を行う必要があると考えられている。そこで、実務では、株主総会参考書類においても、従業員兼務取締役の従業員分給与を含まない旨を明記するのが一般的である。

3　事業報告による開示

　公開会社では、事業報告において、会社役員に関する事項として、対象年度における役員の報酬等について、取締役の報酬等の総額などの会社法施行規則所定の事項を記載しなければならない（会社法 435 条 2 項、会施規 119 条 2 号、121 条 4 号）。

　その際、従業員兼務取締役の従業員分給与は取締役としての報酬ではないから、これと取締役としての報酬等と合算して記載することは認められない。実務上は、取締役の報酬等に関する記載に続けて、従業員分給与相当額が報酬に含まれない旨を注記することが少なくない。

　なお、従業員分給与について別途事業報告に記載することは原則として必要ない。ただし、従業員分給与の額が、取締役が会社から受ける財産上の利益全体から判断して重要である場合には、「株式会社の会社役員に関する重要な事項」（会施規 121 条 11 号）として記載する必要がある。たとえば、従業員分給与が多額である場合や、一般の従業員の給与体系から離れた取扱いがされているような場合（ただし、あくまで取締役報酬ではなく、従業員分給与として取り扱う以上は、別途明確な体系が確立されていることが前提となり、明確な体系自体が存在しない場合には、そもそも取締役報酬として取り扱うべきである）には「重要な事項」として記載が必要となると考えられている。その場合、実務では、報酬等についての記載に続けて注記として記載する例がみられる。

4　計算書類による開示

　計算書類においても、従業員兼務取締役の従業員分給与の開示が必要となる場合がある。

　すなわち、従業員兼務取締役の従業員分給与の支給が重要なものである場合には、関連当事者取引（計規 112 条柱書）に該当し、注記表に注記をする必要がある（同規則 98 条 1 項 15 号、112 条柱書）。「重要なもの」か否かは、前記 3 の事業報告による開示の場合と同様、一般の従業員の給与体系から離れた取扱いがなされているか否かおよび従業員分給与が多額であるかを基準として判断されると考えられている。

　なお、取締役に対する報酬等の給付については注記を要しないとされ

ているが（計規112条2項2号）、従業員兼務取締役の従業員分給与は取締役としての報酬等ではないから、注記を要しない取引には該当しない。

5　有価証券報告書による開示

　有価証券発行会社は、事業年度ごとに有価証券報告書を作成しなければならない（金商法24条1項柱書）。

　有価証券報告書においては、「コーポレート・ガバナンスの状況等」の一環として、取締役の報酬等の総額などの事項を記載する必要がある。

　その際、従業員兼務役員の従業員分給与は原則として開示すべき報酬等に含まれない。

　もっとも、従業員分給与のうち重要なものがある場合には、その総額、対象となる役員の員数およびその内容を開示する必要がある（開示府令第二号様式第二部第4・4、記載上の注意（57）（d））。ここでいう「重要なもの」の意義は必ずしも明らかでないが、前記3の事業報告による開示や前記4の計算書類による開示の場合と同様、①一般の従業員の給与体系から離れた取扱いがなされているか否か、②従業員分給与が多額であるかといった要素により判断することになろう。現に多くの会社において、従業員分給与が比較的多額であるとの理由から、その総額等につき開示がなされている。

　また、その場合、関連当事者取引（連結財務諸表規則15条の4の2第1項柱書）として連結財務諸表における注記も必要となり得る。

6　コーポレート・ガバナンス報告書による開示

　上場会社には、コーポレート・ガバナンス報告書の提出が義務付けられている（東証上場規程204条12項1号、211条12項1号）。

　コーポレート・ガバナンス報告書では、「取締役報酬関係」の記載事項として、報酬等の個別開示の状況およびそれに対する補足説明や、報酬額またはその算定方法の決定方針がある場合はその内容を開示する必要がある。

　その際、従業員分給与の支給の有無（重要なものの有無を含む）や、従業員分給与が報酬に含まれないことに言及する例もみられる。

Q16 当社には、従業員持株会と役員持株会がありますが、従業員兼務取締役は、それら両方に加入できるのでしょうか。

1 持株会の種類

持株制度とは、持株会の構成員が金銭を拠出して会社の株式を取得する仕組みである。持株会には、従業員持株会、拡大従業員持株会（非上場会社の従業員が、当該非上場会社と密接な関係を有する上場会社（親会社等）の株式の取得を目的として運営する持株会）、役員持株会、取引先持株会の4つの類型がある（日本証券業協会「持株制度に関するガイドライン」（以下「ガイドライン」という）第1章3項）。

このうち、従業員持株会は、当該会社の従業員および当該会社の子会社等の従業員を会員とするものである（ガイドライン第1章3項①）。従業員持株会の目的は、従業員の福利厚生の増進および経営への参加意識の向上を図ることにある（ガイドライン第2章1項）。

これに対し、役員持株会は、会社の役員および当該会社の子会社等の役員を会員とするものである（ガイドライン第1章3項③）。役員持株会の目的は、従業員持株会とは異なり、端的に、役員による当該会社の株式の取得を容易にすることである（ガイドライン第4章1項）。実際、インサイダー取引規制の適用除外（金商法166条6項12号、有価証券の取引等の規制に関する内閣府令59条1項4号）として、取締役の持株数拡大に貢献している。

このように、従業員持株会と役員持株会は、その目的や会員の範囲において大きく異なる。

2 従業員兼務取締役の会員資格
(1) 従業員持株会の会員資格

従業員兼務取締役は役員であり、福利厚生の増進および経営への参加意識の向上という従業員持株会の目的になじまない。また、会社が従業員持株会の会員に奨励金を支給する場合や、第三者割当増資を行う場合、利益相反取引（会社法356条1項2号）に該当するおそれがある。このよ

うな理由から、従業員兼務取締役は、従業員持株会に加入することはできないと考えられている。

　ガイドライン上も、従業員持株会について、「取締役又は執行役を兼任していない執行役員については、規約の定めにより、会員資格を認めることができる」とされており（第 2 章 4 項）、従業員兼務取締役は従業員持株会に加入できないことが前提となっている。

　なお、ガイドライン上、役員とは「取締役、会計参与、監査役若しくは執行役又はこれらの者と同等以上の支配力を有するものと認められる者」とされ（ガイドライン第 1 章 3 項）、取締役でない執行役員であっても、社内における支配力の程度によっては役員に該当し、従業員持株会に加入できない場合があり得る。

(2)　役員持株会の会員資格

　他方で、従業員兼務取締役は、役員である以上、役員持株会に加入することができる。前述のとおり、従業員兼務取締役は従業員持株会には加入できないため、従業員の地位を有することは役員持株会への加入にあたって特段支障にはならない。

　なお、取締役でない執行役員については、規約の定めにより従業員持株会の会員資格を認めることができるが（ガイドライン第 2 章 4 項）、このような規約の定めに基づき従業員持株会に加入している執行役員は、さらに役員持株会に加入することはできないと考えられている。

(3)　規約における規定

　前述のとおり、従業員兼務取締役は従業員持株会の会員となることができないから、従業員持株会に関する規約には、役員就任を退会事由として明記することが望ましい。

　実務においては、規約上、従業員の地位を喪失したことのみが退会事由とされている場合もみられる。もっとも、このような場合であっても、従業員兼務取締役は従業員持株会の会員資格を有しないと解される以上、当然に会員としての地位を喪失したものとして扱うべきであろう。

> Q17　当社はこれまで従業員兼務取締役の労働時間を特に把握・管理していませんでした。今般成立した働き方改革関連法では、労働時間についてさまざまな改正があったようですが、これまでの運用で問題ありませんか。

1　労働時間把握義務の新設

　いわゆる「働き方改革関連法」の成立により、残業時間の上限規制、「勤務間インターバル」制度の導入促進、月 60 時間超の時間外労働の特別割増率の中小企業への適用など、労働時間についてさまざまな法改正がなされた。

　労働時間を客観的に把握する義務（労働時間把握義務）の新設もその 1 つである。

2　労働時間把握義務の内容と趣旨

(1)　内　　容

　労働時間把握義務の内容は、会社は「高度プロフェッショナル制度」（労基法 41 条の 2）の対象となる労働者（以下「高プロ対象者」という。）を除き、いわゆる管理監督者（同法 41 条 2 号）等を含むすべての労働者について、労働時間の状況を客観的な方法その他の適切な方法で把握しなければならない、というものである（労安法 66 条の 8 の 3、労安則 52 条の 7 の 3）。なお、ここでいう労働時間の状況の把握とは、労働者がいかなる時間帯にどの程度の時間、労務を提供しうる状況にあったかを把握することを意味する。

　そして、会社は、時間外・休日労働が月 80 時間を超えた労働者（労基法 36 条 11 項に規定する業務（研究開発業務）に従事する労働者を除く）に対し、速やかに、当該超過時間に関する情報を通知するとともに（労安則 52 条の 2 第 3 項）、産業医に対して当該労働者の氏名および当該超過時間に関する情報を提供しなければならない（労安法 13 条 4 項、労安則 14 条の 2 第 1 項 2 号）。また、当該労働者に疲労の蓄積が認められた場合、会社は、当該労働者からの申出に応じて、医師による面接指導を行わなけ

ればならない（労安法66条の8第1項、労安則52条の2第1項、52条の3第1項）。

⑵　趣　　旨

　法改正前は、使用者が労働者の労働時間を適正に把握する責務を負うことは、厚生労働省の通達で規定されていただけであり、法律上の規定はなかった。そして、通達の主な目的はサービス残業の撲滅であったため、時間外・休日労働の割増賃金の支払義務が生じない管理監督者等は、この通達の適用対象外とされていた。

　これに対し、今般の改正の目的は、過重労働により心身に悪影響を及ぼすことを防止し、もって健康確保を図る点にあることから、管理監督者等を含めたすべての労働者が対象となった。労働時間把握義務が労基法ではなく労安法に規定されたのも、正にこの趣旨によるものである。

3　今後の対応

　従業員兼務取締役を管理監督者として整理し、労働時間把握の対象外と扱ってきた企業は多いのではないだろうか。

　しかし、今後は高プロ対象者に該当しない限り、従業員兼務取締役も労働時間把握義務の対象となるから、そのような会社は、今般の改正を機に、労働時間を把握・管理する必要がある。

　そして、労働時間把握義務の履行によって、従業員兼務取締役に上記2に記載した長時間労働が認められた場合、法令で要求される対応を講じなければならない。

Q18　当社は、従業員兼務取締役に対して、深夜割増賃金の定額払いの趣旨で役職手当を支払っており、就業規則では「役職手当は特定の役職に従事する者に対して以下の額を支給する」と規定されています。近時、固定残業代を巡る労働紛争が頻発していると聞きましたが、問題ないでしょうか。

1　固定残業代とは

固定残業代とは、一定時間分の時間外労働、休日労働および深夜労働（以下「時間外労働等」という）に対して定額で支払われる割増賃金のことである。時間外労働等が恒常化している企業では、毎月の割増賃金の計算の負担を回避する等の理由から、固定残業代を制度化する例が多い。

多くの企業では、従業員兼務取締役をいわゆる管理監督者（労基法41条2号）として扱っているものと解される。管理監督者は、時間外・休日割増賃金を支払う必要がないものの、深夜割増賃金を支払う必要があるから、従業員兼務取締役に対して深夜割増賃金の定額払いの趣旨で固定残業代を支払っている企業もあるだろう。

ところが、近時の労働訴訟において、裁判所が固定残業代を割増賃金の支払として認めない事例が相次いでいる。実務上、固定残業代には、定額手当として支給するものと基本給の中に割増賃金を組み込んで支給するものの2種類があるが、ここでは、定額手当として支給する固定残業代制の法的リスク等について具体的に説明する（基本給に組み込んで支払う場合の問題点についてはQ41参照）。

2　固定残業代が認められないとどうなるか

固定残業代が割増賃金の支払として認められない場合、どのような事態が生じるであろうか。たとえば、時間単価2000円の労働者に関し、月20時間分の時間外労働に対して毎月5万円の固定残業代が支払われていたという事案を想定してみたい（2000円×20時間×1.25＝5万円）。

この労働者が月20時間の時間外労働を行った場合、固定残業代による割増賃金の支払が認められれば、当然、未払は生じない。

　他方、割増賃金の支払として認められなければ、依然として、20 時間分の割増賃金支払義務が残ることになる。のみならず、「固定残業代」の割増賃金としての性格が否定された以上、「固定残業代」を含めて時間単価を再計算しなければならない。そして、再計算の結果、時間単価は 2000 円よりも高くなるから、会社がこの労働者に対して 5 万円を支払っても、なお割増賃金の一部未払分が残ることになる。さらに、訴訟になれば、裁判所から未払分の割増賃金と同額の付加金の支払が命じられる可能性もある（労基法 114 条）。

　このように、固定残業代が割増賃金の支払として認められるか否かによって、結論において雲泥の差が出てくる。そのため、会社は、固定残業代の有効要件を把握しておかなければならない。

3　固定残業代の有効要件

　定額手当制の固定残業代の有効要件に関して問題になりがちなのが、当該手当が割増賃金支払の性質を有するといえるかという点である。

　すなわち、固定残業代が定額手当として支払われる場合、当該手当に割増賃金支払に代わる手当としての性格がなければならない。したがって、たとえば、「管理職手当」「役職手当」等の名称の手当について、手当の中に割増賃金とは無関係な、管理職であることの対価や職責に対する対価等が混入しているとみられると、実質的に時間外労働等に対する手当としての性格が否定されるリスクがある。

　一方で、時間外・休日・深夜労働のいずれの手当であるのかや、どれだけの労働時間数に対応する手当であるのかが明示されていなくても、固定残業代としての有効性は否定されないと解されている（東京高判平成 28・1・27 労判 1171 号 76 頁）。

　また、労基法所定の計算方法による額が固定残業代を上回る場合に、それを清算する合意ないし実態が存在することを固定残業代の有効要件の 1 つとする裁判例もある。しかし、超過分の清算は労基法上当然のことであるため、これを独立の有効要件とする必要はないと解されている（佐々木宗啓ほか編著『類型別労働関係訴訟の実務』（青林書院、2017）128 頁）。

　その他、支給時に、支給対象の時間外労働の時間数と残業手当の額が

労働者に明示されなければならないとする見解もあるが、これを有効要件とみることは困難であると解されている（佐々木ほか・前掲 128〜129 頁）。

4　設問に関するあてはめ

　設問では、就業規則に「役職手当は特定の役職に従事する者に対して以下の額を支給する」とだけ規定されている。こうした規定では、文言上、役職手当が深夜割増賃金の支払に代わる手当としての性格を有するのかが明らかではない。そのため、万一訴訟等で固定残業代の有効性が争われた場合、会社は、役職手当の実際の運用等を含めて有効性に関する主張立証を尽くさなければならなくなる。

　こうした事態を避けるためにも、就業規則を「役職手当は特定の役職に従事する者に対する割増賃金の支払として以下の額を支給する」等と変更して、役職手当が割増賃金の定額払いの趣旨であることを明示する必要がある。

　また、すでにこうした対応を講じている会社は、固定残業代の有効性に問題はないが、前記のとおり、超過分があればその清算を要する。特に、先般成立した「働き方改革関連法」において、管理監督者についても労働時間把握義務が課されたこともあり（詳細は Q17 参照）、清算の履行が厳格に求められる可能性があることに留意が必要である。

Q19　当社では従業員兼務取締役の報酬・給与から各種保険料、持株会拠出金などさまざまな費目を控除していますが、留意すべきことはありますか。

1　問題の所在

　従業員兼務取締役は取締役としての地位と従業員としての地位を有している。そして、後者に関しては労基法をはじめとする労働関係法規の適用があり、従業員給与については全額払いの原則等（労基法24条）による規制の対象となる。

　従業員兼務取締役に関してはこの全額払いの原則への意識が薄れてしまうことがあるが、従業員給与から控除する費目によっては全額払いの原則違反となる場合がある。

2　全額払いの原則とその例外

　労基法24条1項本文は「賃金は、通貨で、直接労働者に、その全額を支払わなければならない。」と規定しており、賃金（従業員給与等）についてはその全額を支払わなければならないのが原則である。

　この全額払いの原則の例外として控除（履行期の到来している賃金債権の一部を差し引いて支払わないこと）が認められるのは、①法令に別段の定めがある場合と、②過半数組合または過半数代表者との書面協定（賃金控除協定）がある場合である（労基法24条1項ただし書）。

　このうち、①法令に別段の定めがある場合とは、給与所得税の源泉徴収、社会保険料の控除、財形貯蓄金の控除などである。

　②賃金控除協定については、労使間で控除対象を定めることが可能であるが、労基法24条1項ただし書は「購買代金、社宅、寮その他の福利厚生施設の費用、社内預金、組合費等、事理明白なものについてのみ」協定によって賃金から控除することを認める趣旨である（昭和27年9月20日基発675号、平成11年3月31日基発168号）とされていることに注意を要する。

3　従業員兼務取締役の報酬・給与からの控除

　従業員兼務取締役の報酬・給与から控除を行おうとする場合、取締役報酬から控除するのであれば上記のような規制はなく、特に問題はない。しかし、取締役に就任する前は従業員給与から控除していた、従業員給与のほうが金額が多いなどの理由で漫然とすべての費目を従業員給与から控除すれば、全額払いの原則に違反することにもなりかねない。

　そこで、まずは控除しようとする費目が取締役の地位に付随するものか、従業員の地位に付随するものかを整理する必要がある。その上で、役員持株会への拠出金等、取締役の地位に付随するものは役員報酬から控除し、従業員の地位に付随するものは法令または賃金控除協定に定めがあるかを確認の上、控除の可否を決定する必要がある。

4　従業員給与との相殺

　なお、上記と関連する問題として、会社が従業員兼務取締役に対して債権を有する場合に、一方的に従業員給与と相殺することが認められるかという問題がある。

　この点について全額払いの原則は相殺禁止までは含まないという見解もあるが、相殺も賃金の控除にあたり、使用者が一方的に相殺を行えば全額払いの原則違反となるというのが判例、通説である（ただし、従業員の自由な意思に基づいてされたものであると認めるに足りる合理的な理由が客観的に存在する場合であれば、合意による相殺は可能である）。

▌第5節　その他の問題点

> Q20　当社で企業不祥事が発生し、責任者である従業員兼務取締役の処
> 分が必要となりました。10％×3か月の減俸処分を考えていますが、法的
> に問題はありませんか。

1　はじめに

　企業不祥事が発生した際に、取締役について「何％×何か月」の報酬
減額といった処分がなされることがある。従業員兼務取締役についても
そのような処分が可能であろうか。

　従業員兼務取締役は取締役として地位と従業員としての地位を有して
いることから、取締役報酬と従業員給与を受けている場合には、それぞ
れの減額の可否について検討する必要がある。

2　取締役報酬の減額について

　会社と取締役の関係は委任に関する規定に従う（会社法330条）とされ
ている。そして、取締役の報酬額が定められると、それは会社と取締役
との間の委任契約の内容となり、当事者を拘束するから、原則として株
主総会決議や取締役会決議によって取締役報酬を一方的に減額すること
はできない。

　したがって、取締役に対して「何％×何か月」といった取締役報酬の
減額処分をする場合は、取締役の同意を得る必要がある。

　一方、取締役の報酬規程においてあらかじめ減額処分を行う場合を定
めておき、取締役就任時に報酬規程を受け入れる旨の同意を得ていた場
合には、改めて同意を得ずに減額処分を行うことも可能である。

3　懲戒処分による従業員給与の減額について

(1)　減給処分とその限界

　会社と従業員との間の雇用関係においては、上記委任関係と異なり、
使用者である会社に一定の懲戒権が認められ、懲戒処分として一方的な

減給も可能である。もっとも、これは懲戒処分の根拠規定の存在を前提とし、懲戒事由該当性、処分の相当性、手続の相当性の各要件を満たす必要がある。

　さらに懲戒処分による減給の場合は、減給の制裁に関する制限に注意する必要がある。すなわち、労基法 91 条は、減給の制裁について、「就業規則で、労働者に対して減給の制裁を定める場合においては、その減給は、一回の額が平均賃金の一日分の半額を超え、総額が一賃金支払期における賃金の総額の十分の一を超えてはならない。」と定めている。1 個の懲戒事由について減給の懲戒処分を行えるのは 1 回限りであるところ、その 1 回について、減給額は「平均賃金の一日分の半額」を超えられないのである。

　したがって、従業員に対する懲戒処分については、「減給 10% ×何か月」のように 1 回の懲戒処分で月額給与の 10% の減額をすることはできず、またそのような減給を数か月にわたって継続することもできない。

(2)　合意による減給の可否

　では、従業員との合意によって給与を減額することは可能であろうか。合意による減給は、減給処分とは異なり、法令の限度額を超える減額をなし得ることから別途の検討が必要となる。

　この点、判例は、従業員がすでに発生している賃金債権を放棄することについて、賃金債権を放棄する旨の意思表示が労働者の自由な意思に基づいてされたものであることを要すると判断している（最判昭和 48・1・19 民集 27 巻 1 号 27 頁）。また、退職金の支給基準の変更に関する同意について、その有無は「労働者の自由な意思に基づいてされたものと認めるに足りる合理的な理由が客観的に存在するか否かという観点からも、判断されるべき」であると判断している（最判平成 28・2・19 民集 70 巻 2 号 123 頁）。

　以上の判例から、既発生の賃金の放棄、将来発生する賃金の減額の双方について、その旨の従業員の意思表示については、従業員の自由な意思に基づいてされたと認めるに足りる合理的な理由が客観的に存在する必要があることが明らかにされたと考えられている（佐々木宗啓ほか編著

『類型別労働関係訴訟の実務』（青林書院、2017）68 頁）。

したがって、従業員との合意による減給も法的には可能であるが、形式的に同意があればよいのではなく、「労働者の自由な意思に基づいてされたものと認めるに足りる合理的な理由が客観的に存在する」ことを要する点に注意しなければならない。

4　従業員兼務取締役の場合の対応

以上、取締役報酬の減額および従業員給与の減額について述べたが、これらの制約、制限について従業員兼務取締役を例外とすべき理由はない。したがって、従業員兼務取締役に対して一方的に「10％×3 か月」という減額処分をすることはできず、処分にあたっては当該従業員兼務取締役の同意を得ることが必要となる。そして、従業員給与の減額に関しては「労働者の自由な意思に基づいてされたものと認めるに足りる合理的な理由が客観的に存在する」ことが必要である。

このような結論について、企業不祥事があった場合、会社としては、責任の所在を明確にし、責任者に対してしかるべき処分を行うことは必須であり、その処分について処分を受ける者の同意を要するというのは酷とも思われる。しかし、取締役としても、会社が適切な処分を行い、自身を含めた取締役がそれを受け入れることで株主代表訴訟リスクを低減できる面があり、合理的な処分であれば取締役の同意を得られる可能性は十分にある。会社としては、事案に応じて調査委員会を設置して調査を行ったり、第三者委員会に処分に関する意見を求めたりして、処分の対象となる従業員兼務取締役の同意を得られるような合理的な処分案を策定することが重要である。

> Q21　取締役に労働災害が認められる場合はありますか。

1　問題状況

　労災保険とは、業務上の事由または通勤による労働者の負傷・疾病・障害または死亡に対して労働者やその遺族のために、必要な保険給付を行う制度であり、労働者災害補償保険法に基づくものである。

　労災保険の対象者はあくまで労災保険法上の「労働者」（労基法上の「労働者」と同義と解されている）であるため（労災保険法 7 条 1 項 1 号等）、取締役に労働災害が認められるか否かは取締役が「労働者」と認められるか否かによる。

2　労災保険法の適否に関する通達

　取締役への労災保険法の適用に関しては、次の通達がある（昭和 34 年 1 月 26 日基発第 48 号）。

　「法人の取締役、理事、無限責任社員等の地位にある者であっても、法令、定款等の規定に基づいて業務執行権を有すると認められる者以外の者で、事実上、業務執行権を有する取締役、理事、代表社員等の指揮、監督を受けて労働に従事し、その対償として賃金を得ている者は、原則として労働者として取り扱うこと」

　この通達によると、代表取締役や業務担当執行取締役には労災保険法は適用されないが、そうでない取締役には、業務執行者の指揮監督下で労働に従事している実態がある場合、つまり実態において労災保険法上の「労働者」と認められる場合であれば、労災保険法が適用されることとなる。

3　労災保険法の適否に関連する裁判例

　取締役の労災保険法の適否に関連する裁判例として参考になるのは、東京地判平成 23・5・19 労判 1034 号 62 頁である。この裁判例は、理事、取締役を経て執行役員に就任した者が、出張中に脳出血により死亡した事案において、労働者性を肯定したものである。当初、行政当局が労働

者性を否定したためにその判断が争われたものであり、裁判所と行政当局の判断が分かれた、いわば限界事例である。

　この事案において、裁判所は、当該被災者について理事・取締役・執行役員という役職の異動はあったものの、一般従業員の時から業務実態に質的な変化がなかったこと、労災事故発生時も一般従業員の時と同様に会社から指揮命令を受けていたこと等を理由に、当該被災者の労働者性を肯定した。

　なお、この裁判例で示された以下の①②の判断は、労働者性の判断にあたって参考になるので紹介する。

　①被告（労基署長）から、被災者の理事就任時に1800万円余の退職金が支給されており、その時点で労働契約が終了した旨の主張が出されたが、裁判所は、「1つの区切りとして、一般従業員に係る分の退職金を支払うこととしているという事実上の取扱い」に過ぎない、として当該主張を退けた。

　②被告から、被災者は就業規則の適用を受けず、始業・終業時刻の拘束も受けていなかった旨の主張が出されたが、裁判所は、当該被災者が管理監督者にあたり得る者であるから、かかる拘束を受けていなかったという事情は、会社による指揮監督の存在を否定し、経営者の地位にあることを根拠付ける事情としては重視できない、としてこれも退けた。

　この裁判例は、労災事故発生時に被災者が取締役ではなかった事案に関するものであり、取締役の労災保険法の適否を直接判断したものではない。しかし、仮に労災事故発生時に被災者が取締役であったとしても、同様の理由で、労働者性が肯定されていたと考えられるため、取り上げた次第である。

4　労災保険法の適否のポイント等

　以上みてきたように、取締役への労災保険法の適否のポイントは、労働者性が肯定できるか否かである（詳細については Q3 参照）。もっとも、労働者性が肯定された場合であっても、労災保険法は、労働者が従事する業務に起因する災害を補償の対象とするから、取締役としての職務に起因した災害が補償の対象とならないのは当然である。

　また、取締役に労働災害が認められた場合、会社は、取締役（遺族）から、労災保険給付から外れた損害について、安全配慮義務違反（労契法5条）や不法行為（民法709条）等を理由として民事上の損害賠償請求を受ける可能性があることにも留意が必要である。

Q22　雇用保険は従業員兼務取締役に適用されますか。

1　雇用保険とは

　雇用保険は、労働者が失業して収入を失った場合、労働者について雇用の継続が困難となる事由が生じた場合等に、生活および雇用の安定と就職の促進のために失業等給付を支給すること等を内容とする保険制度である。

　雇用保険は、政府が管掌する強制保険制度であり、労働者を雇用する事業は、原則として強制的に適用される。

2　雇用保険の適用対象と従業員兼務取締役への適否

　雇用保険は、雇用される労働者を被保険者としているため、取締役は、原則として被保険者に該当せず、適用対象外となる。

　もっとも、厚生労働省は、取締役であっても、従業員としての身分がある場合、被保険者に該当するものとして取り扱っている。すなわち、同省が公表する業務取扱要領によると、「取締役であって同時に会社の部長、支店長、工場長等従業員としての身分を有する者は、報酬支払等の面からみて労働者的性格の強い者であって、雇用関係があると認められるものに限り被保険者となる。」（業務取扱要領（雇用保険適用関係）20351（1）イ）とされている。したがって、従業員兼務取締役は、被保険者に該当し、雇用保険が適用されることになる。

　なお、被保険者に該当するにもかかわらず、雇用保険を適用せず、被保険者に関する届出をしなかった場合には、罰則の対象となる（雇保法83条1号）。したがって、被保険者に該当するか疑義がある場合には、事業所の所在地を管轄する公共職業安定所（ハローワーク）に相談の上、対応するのが確実である。

Q23　従業員兼務取締役についても年5日の年次有給休暇を時季指定する義務がありますか。

1　年次有給休暇の時季指定義務

年次有給休暇は、従業員の心身のリフレッシュを図ることを目的として、原則として、従業員が請求する時季に与えることとされているが、取得率が低調な現状にあり、年次有給休暇の取得促進が課題となっている。

そのため、今般の働き方改革において、使用者は、従業員ごとに、年次有給休暇を付与した日から1年以内に、5日について取得時季を指定して年次有給休暇を取得させなければならないこととされた（労基法39条7項）。

この対象となる従業員は、法定の年次有給休暇付与日数が10日以上の従業員であり、経営者と一体的な立場にある管理監督者も含まれることから、従業員兼務取締役も例外とはならない。

2　年次有給休暇の時季指定義務のポイント

年次有給休暇の時季指定義務の内容および対象者は上記のとおりであるが、その他のポイントを整理すると以下のとおりである。

(1)　時季指定の方法

年次有給休暇は、本来、従業員が請求する時季に与えるべきものであることから、時季指定にあたっては、従業員の意見を聴取しなければならず、また、できる限り従業員の希望に沿った時季を指定するよう努めることが求められている（労基則24条の6）。

(2)　時季指定を要しない場合

従業員が請求・取得した年次有給休暇および計画年休の日数は時季指定義務が課される年5日から控除される（労基法39条8項）。したがって、控除すべき日数が5日以上となる従業員に対しては、使用者による時季

指定をする必要はなく、また、することもできない。

(3)　年次有給休暇管理簿

使用者は、有給休暇を与えたときは、時季、日数および基準日を従業員ごとに明らかにした書類（年次有給休暇管理簿）を作成し、3年間保存しなければならない（労基則24条の7）。

なお、「管理簿」という言葉が使われているが、必要なときにいつでも出力できる仕組みとした上で、システム上で管理することも可能である（平成30年12月28日基発1228第15号、平成8年6月27日基発第411号）。

(4)　就業規則への規定

年次有給休暇の時季指定は「休暇に関する事項」であり、就業規則の絶対的必要記載事項（労基法89条1号）であるため、時季指定を実施する場合は就業規則に規定しなければならない。厚生労働省のモデル就業規則（平成31年3月版）では次のような規定例が示されている（22条1項ないし4項については同モデル就業規則参照）。

5　第1項又は第2項の年次有給休暇が10日以上与えられた労働者に対しては、第3項の規定にかかわらず、付与日から1年以内に、当該労働者の有する年次有給休暇日数のうち5日について、会社が労働者の意見を聴取し、その意見を尊重した上で、あらかじめ時季を指定して取得させる。ただし、労働者が第3項又は第4項の規定による年次有給休暇を取得した場合においては、当該取得した日数分を5日から控除するものとする。

---

(5)　罰　　則

従業員に年5日の年次有給休暇を取得させなかった場合、または、使用者による時季指定を行う場合において就業規則に記載していない場合、労基法の罰則（労基法120条1号）の対象となる。

なお、上記のうち時季指定義務違反について厚生労働省の「年5日の

年次有給休暇の確実な取得　わかりやすい解説」では、「労働基準監督署の指導においては、原則としてその是正に向けて丁寧に指導し、改善を図っていただくこととしています。」とされており、通常は罰則の前に指導や是正勧告が行われるものと考えられる。

3　対　　応

　年次有給休暇の時季指定義務については、従業員兼務役員も対象であることを理解し、他の従業員と同様に取扱えば基本的に問題はないと考えられる。

▌第6節　退　　任

Q24　従業員兼務取締役の任期、および、従業員または取締役のいずれか一方の身分を喪失した場合における他方の身分への影響について教えてください。

1　取締役の任期に関する一般論

⑴　原　　則

　会社法上、取締役の任期は、選任後「2 年」以内に終了する事業年度のうち最終のものに関する定時株主総会の終結の時までと定められているが（会社法 332 条 1 項本文）、定款または株主総会の決議によってその任期を短縮することも可能である（同項ただし書）。

　加えて、以下のような例外が設けられている。

- ・　監査等委員会設置会社の取締役（監査等委員を除く）および指名委員会等設置会社の取締役の場合、選任後「2 年」ではなく「1 年」（会社法 332 条 3 項、6 項）
- ・　公開会社でない会社の場合、選任後「2 年」を定款で「10 年」まで延長することが可能（同条 2 項）
- ・　全株式譲渡制限会社が公開会社となる等の定款変更がなされた場合、当該定款変更の効力が生じた時に任期は満了する（同条 7 項）

　なお、任期が満了したとしても、満了時の株主総会で改めて選任され、引き続き取締役にとどまること（いわゆる重任）は実務上よくみられることである。

⑵　任期途中で取締役の身分を喪失する場合

　他方で、任期満了を待たずに取締役の身分を喪失する場合もあり、その主な事由は以下のとおりである。

①　任期中の辞任（会社法 330 条、民法 651 条 1 項）

　会社と取締役の関係は委任に関する規定に従うとされており、取締役はいつでも委任契約を解除して辞任することが可能である（辞任手続に

ついては Q25 参照）。

②　任期中の解任（会社法 339 条 1 項）

取締役は、いつでも株主総会の決議によって解任することが可能である（解任手続については Q26 参照）。

③　欠格事由の発生（同法 331 条 1 項）

取締役は、所定の犯罪により刑に処せられた場合等、一定の欠格事由に該当した場合、当然に資格を失い、取締役の身分を喪失する。

④　定款所定の資格の喪失

定款自治の観点から、定款により取締役に一定の資格（たとえば、親会社の取締役であること等）を要求することは、不合理な内容でない限り許されると解されており（ただし公開会社では、定款によっても取締役の資格を株主に限ることはできない（同法 331 条 2 項本文））、当該資格を喪失すれば取締役の身分も喪失する。

⑤　死亡

⑥　会社の解散・合併

会社が解散した場合、取締役は当然に退任する。会社が合併した場合も、解散し消滅する会社の取締役はその時点で退任となる。

⑦　役員定年

組織の新陳代謝等の観点から、役員定年制を設けている会社もみられる。役員定年制の制度内容はさまざまであり、任期中に定年に達した場合は任期満了後は再任しないという取扱いや、任期中に定年に達する見込みの者は選任/再任しないという取扱いなどがある。

2　取締役の身分を喪失した場合の従業員の身分への影響

(1)　理論上の帰結

従業員兼務取締役が取締役の身分を失った場合も、取締役と従業員という 2 つの身分は独立しているため、理論上は、従業員の身分に影響は及ばないのが原則である。

したがって、取締役としての身分を失った理由が同時に従業員の懲戒解雇事由に該当するようなものでなければ、従業員としての身分に変更はなく、基本的に雇用契約は継続することになる（Q26 参照）。

(2)　取締役就任を退職事由とする就業規則等の規定

　会社によっては、取締役への就任を従業員としての退職事由とする旨の就業規則等の規定を設けていることがある。そのような会社においても、従業員兼務取締役を選任すること自体は可能であるが、その場合は、いったん退職扱いとした上で、取締役就任と併せて従業員の身分を改めて与え、従業員兼務取締役として処遇することになろう。では、こうした場合において、後に取締役の身分を失ったときには当然に従業員としての身分も失うものと扱うことは可能だろうか。

　このようなケースにおいては、「取締役としての委任契約が終了する場合には同時に従業員としての雇用契約も終了する」との条件で新たな雇用契約（取締役の任期と同一の期間を定めた有期雇用契約）が締結されたものと考え、取締役の身分を失えば従業員の身分も当然に失うと解するのが自然な帰結であるようにも思える。

　しかし、当該従業員兼務取締役が取締役を解任された場合など、会社と本人との間に対立が生じている状況においては、本人が労働法制に基づく手厚い保護を背景に従業員としての身分継続を会社に求めてくる可能性があり、業務実態等によっては従業員としての身分のみ継続が認められてしまうおそれがある。

　そのようなリスクへの対応として、従業員兼務取締役に適用される就業規則（無期雇用の一般社員に適用される就業規則とは異なるものとなることが想定される）において、取締役の身分を失ったことを退職事由として規定するとともに、この点に本人が同意していることを客観的に明らかにできる雇用契約書や同意書等の書面を従業員兼務となる時点で作成しておくことが考えられる。

(3)　従業員定年後に取締役の身分を喪失した場合

　役員定年の年齢が従業員定年よりも高く設定されている会社において、役員定年に達したことを理由に取締役としての身分を失った場合や、従業員としての定年に達した後に取締役に再任されなかった場合、または、取締役を解任された場合など、従業員兼務取締役が従業員定年後に取締役の身分を喪失した場合、従業員としての身分にはどのような影響

があるか。取締役の任期中に従業員定年を迎えても従業員定年は役員任期満了まで延長されるという運用がなされている会社や、任期途中に従業員定年が到来した場合の従業員としての身分の取扱いが明確でない会社において、この問題が顕在化する。

　この点、従業員兼務取締役には 2 つの身分が併存し、取締役の身分の喪失は従業員としての身分に影響を及ぼさないとすべき実質的な理由は、従業員としての身分保障にあると考えられる。そうだとすれば、従業員定年後に取締役としての身分を失った場合には、従業員として保護される必要性はなく、従業員兼務取締役自身も通常そのような期待を有していないと思われるため、従業員たる身分を失うと解しても差し支えないものというべきである。

　なお、上記のとおり取締役になったことで従業員定年が延長されるという運用をしている会社においても、そのような取扱いはあくまで取締役としての身分があることが前提となっているものであるから、この前提を欠くことになれば、本来の従業員定年を超えてまでその身分を継続させる合理的理由はない。

　もっとも、この点について明確な判断を示した裁判例は見当たらないため、トラブル防止の見地からは、取締役の身分を喪失した時点ですでに従業員定年に達している場合には従業員としても退職となる旨、あらかじめ会社と本人との間で書面で合意しておくことが望ましい。

3　従業員の身分を喪失した場合の取締役の身分への影響

(1)　理論上の帰結

　従業員兼務取締役であった者が何らかの事情で従業員としての身分を失うことになった場合、取締役の身分や任期に影響するか。

　たとえば、従業員兼務取締役が犯罪行為を理由に懲戒解雇処分を受け、当該犯罪によって禁固以上の刑に処せられたため取締役の欠格事由に該当する場合など、従業員の身分と取締役の身分の双方を同一の事由により喪失することはあり得る。

　しかしながら、従業員兼務取締役は、あくまで従業員と取締役という法的性質の異なる 2 つの身分を併有していることから、従業員としての

身分を失ったとしても、理論上は、取締役としての身分や任期には影響がなく、取締役の身分を当然に失うことにはならない。

(2)　実務上考えられる対応

　従業員として解雇されるような場合、取締役としても不適任であると会社が判断するケースが多いであろう。しかし、会社法上、取締役を解任する手段は株主総会または解任の訴えに限られており（詳しくはQ26を参照）、容易にとり得る手続ではない。そのため、実務上は辞任を促すという対応が原則となる。

　この点、法務局の実務上は、辞任を理由に取締役の退任登記を行う上で、本人の押印がある辞任届の提出が必須とされているが、従業員として解雇されるような局面では、会社と本人との関係が相当程度悪化していることも多いと予想される。当然ながら、本人が辞任届の提出を渋るといった事態もあり得るところであり、会社としてはいかにして本人から辞任届を入手するかに腐心することとなる。

　そこで、従業員兼務取締役の就任時に別途覚書を締結する等して、一定の事由により従業員たる身分を失うこととなった場合には取締役の身分も同時に喪失する旨をあらかじめ合意しておくことが1つの選択肢となる。もちろん、こうした合意があっても辞任届自体が不要となるものではないが、いざ辞任届が必要となった際に、会社は上記の合意を説得材料として本人に辞任届の提出を求めやすくなるのではないかと考えられる。

Q25　従業員兼務取締役が辞任または退職する場合の手続について教えてください。

1　原　　則

　従業員兼務取締役は、取締役と従業員という 2 つの別個の身分を併有しているため、取締役の身分を失ったとしても、理論上、従業員の身分には影響がなく、従業員の身分を当然に失うことにはならない（Q24 参照）。また、従業員の身分を失ったとしても、同様に取締役の身分には影響がない。したがって、基本的に辞任および退職の手続はそれぞれの身分に関して行う必要がある。

2　取締役を辞任する手続

⑴　従業員としても退職する場合

　自発的に取締役を辞任することを申出る場合には、通常は従業員としても退職したいという意向を有していることが多い。この場合、従業員兼務取締役が従業員としての辞職届および取締役の辞任届を会社（通常は代表取締役）に提出することによって行う。なお、一通の書面であっても、取締役の辞任届および従業員の辞職届の両方の趣旨が明確に認められれば、両方の申出として扱うことは可能である。

　取締役の氏名は登記事項となっているため（会社法 911 条 3 項 13 号等）、取締役から辞任届が提出された場合は、取締役の変更があったものとして登記することが必要であり、この登記は、辞任から 2 週間以内に、会社の本店所在地において行わなければならない（同法 915 条 1 項）。

　なお、辞任によって法令または定款で定めた取締役の員数が欠けた場合には、辞任により退任した取締役は、新たに選任された取締役が就任するまで、なお取締役としての権利義務を有する（会社法 346 条 1 項）。そのため、前述の辞任登記もすることができないので注意を要する。

⑵　取締役のみを辞任する場合

　自発的な申出により取締役のみを辞任するというケースは通常あまり

想定されないが、たとえば、取締役の職責の重さから取締役は辞任したいが従業員としては勤務を継続したいと希望する場合や、不祥事等の引責のために取締役は辞任し従業員として残る場合などが考えられる。この場合、従業員兼務取締役が取締役の辞任届を会社（通常は代表取締役）に提出することによって行う。取締役の変更登記が必要であることは上記(1)と同様である。

　取締役のみを辞任する場合、従業員としての身分は喪失しないことから、従業員給与について検討が必要となる場合も想定される。たとえば、取締役の辞任によって従業員としての役職も変更する場合等には、社内規程に則って給与額を変更する必要があることも考えられる。

3　従業員のみを退職する場合

　役付取締役への昇格や代表取締役への就任を前提に従業員として退職する場合など、従業員のみを退職するケースも考えられる。

　従業員としての退職は、従業員兼務取締役が従業員としての辞職届を会社（通常は代表取締役）に提出することによって行い、通常の従業員の退職時と同様の手続が必要となる。もっとも、従業員としての退職金の支払については、取締役退任時まで留保する運用をしている会社もみられる。

> Q26　従業員兼務取締役を解任する場合の手続について教えてください。

1　原　　則

　従業員兼務取締役は、取締役と従業員という2つの別個の身分を併有しているため（Q24、Q25 参照）、基本的に解任等の手続はそれぞれの身分に関して行う必要がある。

2　取締役を解任する手続

(1)　株主総会決議

　取締役は、株主総会決議（その取締役を選任したのが種類株主総会である場合は原則として種類株主総会決議）により特に理由がなくとも解任が可能とされている（会社法339条1項、347条1項）。

　当該決議については、原則として普通決議（監査等委員会設置会社における監査等委員である取締役の解任の場合を除く）とされ、定款の定めによっても定足数を議決権を行使できる株主の議決権の3分の1未満にすることはできない（会社法341条前段かっこ書）。なお、定款で決議要件を加重（同法341条後段かっこ書）している例もあるため注意を要する。また、実例は少ないが、累積投票によって選任された取締役の解任には特別決議が要求される（同法342条6項、309条2項7号）。

　解任の効力発生時期については見解が分かれているが、解任決議がなされれば取締役本人への告知を要することなくただちに効力が発生すると解される（江頭憲治郎『株式会社法〔第7版〕』（有斐閣、2017）399頁、取締役会による代表取締役の解職につき最判昭和41・12・20民集20巻10号2160頁）。

　解任決議をする時期に制限はなく、いつでも可能であるが（会社法339条1項）、解任された取締役は、解任について正当な理由がある場合を除き、解任によって生じた損害（通常は残存任期に係る報酬等相当額）の賠償を会社に対して請求することができる（同法339条2項）。なお、当該規定は、株主による解任の自由の保障と役員等の任期に対する期待の保護との調和を図る趣旨で定められた法定責任であり、会社の故意・過失の

有無は問わないと解されている（岩原紳作編『会社法コンメンタール 7』（商事法務、2013）528〜529 頁〔加藤貴仁〕、大阪高判昭和 56・1・30 下民集 32 巻 1〜4 号 17 頁）。

　ここでいう「正当な理由」は、法令違反行為に限られず、たとえば定款違反や職務執行上の不正行為、心身の故障、職務への著しい不適任や能力の著しい欠如、担当事業部門の廃業等もこれに該当するという見解が多数である。経営判断の失敗が含まれるかについては、肯定・否定いずれの見解も有力に唱えられている（江頭・前掲 400 頁）。

(2)　解任の訴え

　取締役は、株主総会決議による場合以外に、取締役解任の訴えにより解任されることがある。すなわち、取締役の職務の執行に関し不正の行為または法令もしくは定款に違反する重大な事実があったにもかかわらず、当該役員を解任する旨の議案が株主総会において否決された等の場合には、総株主の議決権または発行済株式の 100 分の 3 以上の株式を保有する株主は、当該株主総会の日から 30 日以内に、訴えをもって当該役員の解任を請求することができる（会社法 854 条 1 項〜 3 項）。なお、上記「100 分の 3」の要件は定款で引き下げることができる。また、公開会社ではこれに加え、6 か月前からの継続保有も要件となる（同上）。

　この訴えは、会社と取締役の双方を被告とする必要があり（会社法 855 条、最判平成 10・3・27 民集 52 巻 2 号 661 頁）、会社の本店所在地を管轄する地方裁判所のみが管轄権を有する（同法 856 条）。

　なお、解任の訴えの係属中に株主総会において当該取締役が再任された場合、改めて株主の信任を得たと考えられることから、特別の事情がない限り訴えの利益が消滅し（神戸地判昭和 51・6・18 下民集 27 巻 5〜8 号 378 頁）、訴えは却下される。また同様に、解任事由が株主間に周知された後に再任された場合には、訴えの提起ができなくなると解されている（宮崎地判平成 22・9・3 判時 2094 号 140 頁）。

(3)　登　記

　取締役の氏名は登記事項であるため（会社法 911 条 3 項 13 号等）、解任

された場合は変更があったものとして登記することが必要である（同法915 条 1 項）。当該登記は、解任から 2 週間以内に会社の本店所在地において行わなければならない。

　なお、株主総会決議による解任の場合、株主総会議事録を添付書類として会社が登記申請を行う形になるが、解任の訴えによる場合は、解任を命ずる判決の確定により、裁判所書記官が職権で登記を嘱託することとなる（会社法 937 条 1 項 1 号ヌ）。

3　従業員の身分を喪失させる手続

　従業員としての身分については、取締役を解任されても当然には影響が及ばないのが原則である（**Q24** 参照）。

　したがって、取締役の解任と同時に本人が自主的に退職する場合や有期雇用契約の期間が満了する等の場合を除き、従業員の身分を喪失させるかどうか、会社として別途対応を検討することが必要になる。

　この点、解任理由が、たとえば会社の経営方針に従って取締役の総数を減少させた結果である等、本人に帰責性がないような場合であれば、従業員たる身分についてまで喪失させる理由はないため、雇用契約を継続することになろう。

　他方、解任理由が、大きな不祥事を起こしたとか著しく能力に欠ける等であって、従業員としても会社に残ってもらいたくないという場合は、解雇を検討することになり、別途解雇手続をとる必要がある。

　しかしながら、解雇については、客観的合理的理由を欠き、社会通念上相当であると認められない場合は無効とされることから（労契法 16条）、そのハードルは決して低くない（取締役の解任における「正当な理由」よりも厳格な判断が行われる可能性が高い）。加えて、懲戒解雇については、そもそも就業規則で定められた懲戒解雇の事由に該当する事実がない限り認められない。

　解雇を行う場合の手続は通常の従業員の解雇の場合と特に変わらないが、上記のとおり、まずは要件を満たすかどうかの慎重な検討が必要である。

4　実務上の対応

　解任という手法をとった場合、前述のとおり損害賠償請求のリスクがあることや、従業員の解雇に関する上記の制約の点、また、紛争化した際の会社のレピュテーションリスク等も併せて考慮すると、不祥事を起こした従業員兼務取締役については、実務上、解任するのではなく、説得して自発的な辞任・退職を促すのが第一の選択肢ということになる（辞任・退職についての手続の詳細は Q25 参照）。

第 2 章　執行役員兼務取締役

第 1 節　法的性質

> Q27　執行役員とはどのような制度でしょうか。

1　執行役員制度の概要

(1)　執行役員とは

　執行役員とは、代表取締役等の指揮下で会社の業務執行を担当する役職である。「役員」なる名称が付されているものの、法律上の役員ではなく、指名委員会等設置会社に置かれる「執行役」とも似て非なるもので、会社法上、特段の根拠規定を有しない、事実上の役職である（米国企業における「Officer」に相当する概念であるなどといわれる）。

　社内における序列としては、一般的に、取締役と部長職の中間に位置付けられる。

　1997 年にソニーが導入したことで注目され、その後、大手企業を中心に、多くの国内企業において採用されるに至っている。

(2)　制度導入の背景

　ソニーは、執行役員制度の導入に際し、40 人近かった取締役の人数を大幅に減らし、退任した取締役（の一部）を執行役員にスライドさせる一方、社外取締役を増員するという形をとった。その狙いは、業務執行機能を分離して執行役員に担当させることで取締役会をスリム化し、意思決定の迅速化を図るとともに、取締役会が「経営の基本方針の決定と業務執行の監督」という本来期待される役割に専念できる体制を整えることにあったと考えられる。

　その後に執行役員制度を導入した企業も、その目的としては概ね同様の説明をしている例が多いようである。

　しかしながら、わが国では伝統的に、取締役の職務における業務執行の比重が大きいといわれており、社内取締役の相当数が業務担当取締役や従業員兼務取締役として業務執行にあたっている例が少なくない。結果として、執行役員制度を導入する企業の多くにおいて、各取締役が担当業務分野の執行役員を兼務するスタイルが採用され、取締役会からの業務執行機能の分離という制度本来の特徴は必ずしも徹底されてこなかったのが実情である。

　その後の法改正やコーポレートガバナンス・コードの導入等を経て、近時は、いわゆるモニタリング・モデル（取締役会の主たる機能を、経営の意思決定ではなく、経営者を監督することに求める考え方）への移行を進める企業が増加しつつあるところ、執行役員制度は運用次第でその現実解の１つとなり得るものである。実質を伴う企業統治システムとなるか、各社における制度のあり方が問われている。

　このほか、経営人材の育成の観点から、経営陣の後継者候補の養成ポストとして執行役員制度を運用する例や、営業的側面から（いわば従業員の箔付けとして）執行役員のポストを設ける例などもみられる。

2　法的地位

　執行役員の法的地位については、大きく分けて次の２つの類型がある。いずれの類型によるかは各社の判断に委ねられている。

(1)　雇用型

　雇用型の執行役員は、会社との雇用契約に基づき、従業員としての地位を有し、代表取締役等の指揮・命令を受けて業務執行にあたる。

　取締役がこれを兼務する場合、従業員兼務取締役の一類型ととらえることができる。

(2)　委任型

　委任型の執行役員は、会社との間で委任契約を締結し、ある程度広汎な裁量を与えられて業務執行にあたる。この場合、当該執行役員は、従業員ではなく、他方で役員でもない独自の地位に立つことになる。

取締役が委任型の執行役員を兼務する場合には、業務担当取締役との異同が問題になる（Q29 参照）。

(3)　雇用型・委任型の区別

ある執行役員が雇用型であるか、委任型であるかは、前述のとおり会社との契約の性質により区別されるが、最終的には実質的な職務内容によって判断される。形式上は委任型とされているが、実態としては代表取締役等の指揮・命令下におかれ、独立性を欠いているようなケースでは、雇用型と評価されることもあり得る（Q33 参照）。

3　執行役との違い

(1)　執行役とは

執行役とは、指名委員会等設置会社において設置が義務付けられる法定の機関である（会社法 402 条 1 項）。

モニタリング・モデルの機関構成の一種である指名委員会等設置会社では、取締役会が業務執行の多くを執行役に委任することが認められており（会社法 416 条 4 項）、取締役会の監督下において、執行役が業務執行の決定を行い、かつ、業務を執行するものとされている。

会社との関係は委任契約であり（会社法 402 条 3 項）、忠実義務、競業避止義務、利益相反取引の禁止等、取締役と同様の義務を負うほか（同法 419 条 2 項）、任務懈怠による責任についても取締役と同様の規律が及ぶ（同法 423 条以下）。

(2)　執行役と執行役員の違い

執行役と執行役員は、いずれも業務執行を担当する役職であるという点で共通しており、取締役による兼務が認められる点も同様であるが（執行役につき会社法 402 条 6 項）、執行役が会社法上の正規の機関であるのに対し、執行役員は法令上の根拠を持たない任意の役職であるという点で大きな違いがある。

前述のとおり、執行役については取締役に準じた義務や責任の規定が法定されており、任務懈怠があれば株主代表訴訟の対象となるリスクも

あるが、執行役員は通常は株主から直接責任を追及される立場にはない。

　指名委員会等設置会社に移行する企業の数が極めて少ないのに対し、執行役員制度が急速に普及した背景には、こうした違いによる制度運用の柔軟性の部分が評価されたことがあるものと思われる。

(3)　指名委員会等設置会社と執行役員

　指名委員会等設置会社においても執行役員制度を採用することは可能である。現にソニーは、現在、指名委員会等設置会社であり、執行役が業務執行にあたる体制がとられているが、執行役からさらに権限委譲を受ける形で執行役員が置かれており、執行役とともに業務執行を行っている。

　なお、指名委員会等設置会社の取締役が執行役員を兼務する形で業務を執行することについては、指名委員会等設置会社の取締役による業務執行が原則禁止とされていること（会社法415条）との関係で認められないと解されているため、必要があれば同法で許容されている執行役の兼務（同法402条6項）という形をとるべきものと思われる。

　他方、執行役が執行役員を兼ねることは理論上は可能であると思われるが、そのような兼務には実益がなく、現実の事例としては見当たらない。

> Q28　当社は雇用型執行役員制度の導入を検討中です。制度を導入した
> 場合、すでに存在する従業員兼務取締役を雇用型執行役員兼務取締役に
> 変更する予定ですが、両者は何が違うのでしょうか。

1　雇用型執行役員とは

　執行役員には会社との契約関係の性質に応じて 2 種類ある。1 つは委任契約関係にある執行役員であり、委任型執行役員と呼ばれる。もう 1 つは労働契約関係にある執行役員であり、雇用型執行役員と呼ばれる。

　雇用型執行役員は、法的には「労働者」と扱われ、労働基準法、労働契約法等の各種の労働法規の保護を受ける。この点が委任型執行役員との根本的な違いである。

　なお、雇用型執行役員と委任型執行役員を区別する基準については、Q33 を参照されたい。

2　雇用型執行役員兼務取締役と従業員兼務取締役

(1)　労働契約の形態

　雇用型執行役員兼務取締役は、従業員兼務取締役の一類型であるが、労働契約の形態に特徴がある。

　労働契約は、期間の定めのない労働契約（無期労働契約）と期間の定めのある労働契約（有期労働契約）の 2 種類に大別される。前者の労働者は「正社員」「正規労働者」などと呼ばれ、後者の労働者は「契約社員」「非正規労働者」などと呼ばれる。

　従業員兼務取締役は、取締役就任前の労働契約を継続させる場合が多く、この場合の契約形態は、無期労働契約である。一方、雇用型執行役員兼務取締役は、執行役員就任の際に従前の労働契約をいったん終了させ、任期付きの執行役員としての労働契約を締結し直すことが多い。執行役員の任期は契約期間を意味すると解釈するのが自然であろうから、この場合の契約形態は有期労働契約ということになろう。

　なお、労働契約の形態を巡る以上の整理は、すべての会社に妥当するわけではない。兼務役員の制度設計に法規制はなく、基本的に各社の判

断に委ねられているからである。そのため、本書の整理がそのまま妥当しない会社におかれては、自社の兼務役員の労働契約が無期・有期のいずれであるかに着目しつつ、本書を読み進めていただきたい。

(2)　雇用型執行役員兼務取締役＝「契約社員」という盲点

　会社と有期労働契約関係にある雇用型執行役員兼務取締役は、法的には「契約社員」の地位にある。しかしながら、こうした理解に基づいて制度設計をしている会社は必ずしも多くないのではないかと考えられる。

　この盲点が雇用型執行役員制度に潜在する法的リスクである。

　すなわち、雇用型執行役員兼務取締役が「契約社員」の側面を持つということは、「契約社員」保護のための法規制、たとえば、契約期間中の解雇（中途解約）や更新拒絶（雇止め）の制限、無期労働契約への転換といった「契約社員」に特有の法規制が、雇用型執行役員兼務取締役にもそのまま妥当することを意味する。

　この法的リスクに無自覚だと、問題が表面化したときに対応が後手に回り、いたずらに傷口を広げることにもなりかねない。制度設計にあたっては、雇用型執行役員兼務取締役に含まれる法的リスクを十分に理解し、前もって対策を講じておく必要がある。

　なお、雇用型執行役員兼務取締役を巡る具体的な問題点については、後記の各設問を参照されたい。

Q29　執行役員兼務取締役と業務担当取締役はどう違うのでしょうか。

1　業務担当取締役とは

　会社法 363 条 1 項各号に掲げる取締役および当該株式会社の業務を執行したその他の取締役は、「業務執行取締役」と呼ばれる（同法 2 条 15 号イ）。

　具体的には、

① 　代表取締役（同法 363 条 1 項 1 号）

② 　取締役会の決議によって株式会社の業務を執行する取締役として選定された者（同項 2 号）

③ 　会社の業務を執行したその他の取締役（同法 2 条 15 号イ）

の 3 種類が業務執行取締役に該当する。

　上記のうち②に該当する取締役会決議で選定された取締役が、実務上、業務担当取締役と呼ばれる。具体的には、定款等に基づき取締役会で選定される「専務」「常務」等の役付取締役や、取締役会決議によって「総務担当」「営業担当」、あるいは「営業本部長」等の具体的な業務部門の業務執行権限を割り当てられた取締役が含まれる。

　また、上記②の取締役会決議は経ていないものの、その他の方法で権限を付与され、あるいは事実上、会社の業務を執行した取締役は、③に含まれる。従業員兼務取締役はその典型である。

　すなわち、業務担当取締役は、業務執行取締役の一類型であって、取締役会の委任により取締役たる地位において業務執行を担当する者を表す実務上の名称に過ぎない。

2　執行役員兼務取締役の位置付け

(1)　雇用型執行役員兼務取締役の場合

　雇用型執行役員兼務取締役は、従業員兼務取締役の一類型であり、従業員たる執行役員の地位において業務執行を行うものといえる（Q28）ことから、Q2 で述べたところと同様に考えればよい。

　すなわち、上記②には該当しないが、③の業務執行取締役として位置

付けられることになる。

(2)　委任型執行役員兼務取締役の場合

　これに対し、取締役が委任型の執行役員を兼務する場合、理論上は取締役および執行役員の2種類の委任関係を観念することももちろん可能であるが、この2種類を区別する実益があるのは、取締役報酬と執行役員部分の報酬とを区別して設計したい場合程度である（もっとも、執行役員部分の報酬を取締役報酬と区別することが常に妥当であるかについては、慎重な検討を要する。この点については、Q38 を参照されたい）。実際の契約形態としても、取締役としての委任契約と執行役員としての委任契約とが明確に区別されていないケースが実務上は多いと思われる（Q36 参照）。

　すなわち、委任型執行役員兼務取締役の場合、基本的に、執行役員の地位はその取締役にとって独自の権利義務を発生させる根拠となるものではなく、取締役が会社の機関として業務執行権限を有していることの表示・肩書に過ぎないものと理解すべき例が多いように思われる。

　この場合、執行役員の地位は単なる表示・肩書に過ぎず、そもそも厳密には執行役員を「兼務」しているわけではないともいえるが、実務では「兼務」との表現が定着しているため、本書では、この場合も含めて広く「執行役員兼務取締役」と言い表すこととする。

　具体的には、取締役会決議により取締役として業務を執行する権限を与えた場合は②の業務担当取締役、取締役と執行役員の地位を明確に区別し、あくまで後者として業務執行を担当させた場合は③の類型に分類されると考えることになろう。

3　区別の曖昧さ

　上記のように、執行役員兼務取締役と業務担当取締役は、一応それぞれ異なる概念であるものの、業務を執行する取締役の呼び名という点では共通であり、重なり合う部分が多いため、実務上は必ずしも明確に両者の区別が意識されているわけではない。

4　執行役員兼務取締役による職務執行状況の報告義務

　ところで、①の代表取締役および②の業務担当取締役は、3 か月に 1回以上、自己の職務の執行の状況を取締役会に報告する義務を負う（会社法 363 条 2 項）。

　では、執行役員兼務取締役がこれ以外のタイプ、すなわち雇用型執行役員兼務取締役である場合や委任型執行役員兼務取締役のうち③に該当するような場合、当該取締役は上記報告義務を負わないのか。

　この点、法文上は、報告義務を負わないと解され、執行役員兼務取締役の担当業務については代表取締役がまとめて報告するといった運用もあり得るところである。

　もっとも、当該業務について最も詳しいのは執行役員兼務取締役であると考えられるから、実務上、特に当該担当業務について上位の業務担当取締役が存在しない場合は、執行役員兼務取締役に報告を行わせることとするのが望ましい取扱いであろう（なお、これは執行役員兼務取締役に限らず、従業員兼務取締役一般についてもいえることである）。

　このように考えると、執行役員兼務取締役と業務担当取締役の区別は、より一層曖昧なものになる。

> Q30　執行役員兼務取締役を置くメリット、デメリットは何でしょうか。また、兼務を巡る実務の傾向はどのようなものでしょうか。

1　執行役員兼務取締役を置くことのメリット

　執行役員が雇用型である場合は、Q28のとおり従業員兼務取締役の一類型であり、従業員兼務取締役についての議論が基本的に当てはまるので、以下では主に委任型執行役員の場合を想定して解説する。

　執行役員兼務取締役を置くメリットとして一般的に挙げられるのは、取締役会と執行役員の意思疎通が容易になる、というものである。もっとも、両者の意思疎通は、たとえば取締役会に執行役員の参加を認めたり、取締役および執行役員双方が参加する会議体を設置したりする方法等によっても図れるのであり、取締役に執行役員を兼務させることの本質的なメリットとは言い難いように思われる。

　そもそも、代表取締役は会社法上当然に業務執行権を有し（会社法349条4項）、その他の取締役に対しても業務執行権を与えることが認められている（同法363条1項2号）以上、これと別に委任型の執行役員を兼務させる実益はほとんど考えられない。Q27で述べたように、執行役員制度を導入する企業の多くにおいて、各取締役が担当業務分野の執行役員を兼務するスタイルが採用されているが、これは何らかの本質的なメリットを期待しているというよりも、単に当該取締役が業務執行権を有していることの表示・肩書として便利であるため、実務上定着したのではないかと思われる。

　すなわち、委任型の執行役員兼務取締役を置くということは、実質的には業務担当取締役を選定することに他ならず、それ以上のメリットは特段存在しないと考えられる（委任型の執行役員兼務取締役と業務担当取締役の関係性については、Q29も参照されたい）。

2　執行役員兼務取締役を置くことのデメリット

　執行役員兼務取締役を置くことのデメリットとして一番に挙げられるのは、執行役員制度の狙いは取締役会から業務執行機能を分離すること

にあったにもかかわらず、結局、取締役が業務執行を担うこととなり、執行役員制度の本来の狙いが徹底されないことである（**Q27** 参照）。

また、業務執行の監督機関としての取締役会と執行役員との緊張関係が希薄になることへの懸念も、デメリットとして挙げられる。

3　実務の傾向

以上に述べたような事情を踏まえ、取締役による執行役員の兼務はなるべく避けることが好ましい、といった見解が多く見受けられるところである。

今後の実務の傾向としては、いわゆるモニタリング・モデルへの移行をうたい、取締役による執行役員の兼務は必要最小限とし、執行役員を兼務しない社外取締役を増員する例が増えることが予想される。

公益社団法人日本監査役協会の調査結果（月刊監査役 No. 540 別冊付録 6 頁および 8 頁、同 No. 683 別冊付録 20 頁および 27 頁）によると、執行役員制度を採用している上場会社において執行役員兼務取締役がいる割合自体は 2007 年が 64.6％、2017 年が 66.6％と増加しているものの、執行役員兼務取締役の平均人数は 2007 年が 5.66 人、2017 年が 4.86 人と、若干減少傾向にあるようである（これに対し、社外取締役を設置している上場会社の社外取締役の平均人数は、2007 年が 1.89 人、2017 年が 2.12 人と、増加している）。また、2017 年についてみると、執行役員兼務取締役がいる上場会社の執行役員の平均人数は 14.8 人であり、執行役員の約 3 割強が取締役と兼務していることがわかる。

なお、最近では、取締役会と執行役員との緊張関係が希薄化するといった懸念に配慮してか、社長には業務執行（執行役員）のトップとしての役割のみを与え、社長と別に経営方針の決定・監督（取締役会）のトップ（議長）としての会長等（執行役員を兼務しない取締役）を設置したり、社外取締役を取締役会議長とすることで、役割分担を図る企業も次第に増えている。

Q31　役付取締役と役付執行役員とはどう違うのでしょうか。取締役が執行役員を兼務して、執行役員の役付として「社長」や「専務」等の肩書を使用する場合、留意すべきことはありますか。

1　役付取締役とは

役付とは、「社長」「副社長」または「専務」「常務」といった役職を有することを指すが、このような役職は会社法上のものではなく、各社が任意に設置・設計することができる。従来は、定款において「社長」ほか複数の役職を設け、取締役の中から役付取締役を選定できる旨定めている企業が多かった（役付取締役制度）。

2　役付執行役員とは

ところが、近時、役付取締役を廃止し、社長等の役職を執行役員の役職と位置付ける企業が増えている。たとえば、ごく一例であるが、丸紅（2016年）やオムロン（2017年）、ダスキン（2018年）等が挙げられる。

すでに述べたとおり、執行役員、役付ともに会社法上の制度ではないから、このような役付執行役員制度ももちろん適法である。

3　役付取締役と役付執行役員のいずれが適当か

これら2つの類型は、単純に適否を論ずべきものではなく、各社の機関設計や企業統治に対する考え方を踏まえて選択すればよい。

執行役員を導入した企業の多くにおいて、その趣旨は、取締役会から業務執行機能を分離して執行役員に担当させ、取締役を「経営の基本方針の決定と業務執行の監督」という本来の役割に専念させることにあったと考えられるところ（Q27）、このうち「経営の意思決定と執行の分離」をより重視し、業務執行を行う者の中で「経営」すなわち全社的な意思決定に関与する者が取締役であると考える立場からは、社長等は全社的な意思決定に責任を有する者の役職であって、取締役の役付であるという結論に結びつきやすい。

これに対し、近時は、「監督と執行の分離」をより重視し、いわゆるモ

ニタリング・モデルへの移行を進める企業が増加しつつあるが（Q27）、このような立場からは、社長等は業務執行のトップとしての執行役員の役付であり、取締役としては序列なく対等な立場で監督機能を全うすべき、という結論に結びつきやすい。そこで、モニタリング・モデルへの移行と併せて、役付取締役を廃止し役付執行役員とする企業が増加しているものと考えられる。

4　執行役員兼務取締役の場合の留意点

　取締役が執行役員を兼務する場合についても、従来は、たとえば「代表取締役社長　執行役員」というように、役付取締役制度を前提としていた会社が多いと考えられる。しかし、役付執行役員制度の下では、取締役ではなく執行役員の役付として社長等の名称を使用し、「代表取締役　社長執行役員」等とすることになる。

　実際には、取締役と執行役員、いずれの肩書なのか明確に意識していない会社も少なくない（たとえば「常務取締役　常務執行役員」のように、取締役と執行役員の両方の役職としている例もあり、各社各様である）と思われるし、結局は「肩書をどこで区切るか」といった程度の話に過ぎず本質的な問題ではない、とみる向きもあるかもしれないが、3 で説明した考え方の違いは執行役員兼務取締役にも同様に当てはまるものであるので、自社ではいずれの考え方を採用するか検討した上で、制度に合わせた名称を採用されたい。

　なお、取締役が執行役員を兼務して、執行役員の役付として社長等の肩書を使用する場合は、以下の点に留意すべきである。

⑴　定款変更の必要性

　前記のとおり、多くの企業では、定款で役付取締役制度を定めている。そのため、執行役員の肩書として社長等の肩書を使用する場合に、定款変更を要するかどうかが問題となり得る。

　この点、そもそも執行役員も役付も法律上の制度ではなく、また、役付取締役と役付執行役員とは両立し得る概念であるから、役付取締役制度を残したまま役付執行役員を選定しても、ただちに定款違反となるも

のではないと考えられる。実際、特に定款変更を行うことなく役付執行役員制度に事実上移行している企業も見受けられるところである。

　もっとも、企業統治に対する自社のスタンスを明確に示すためには、前記2で紹介した3社の例のように、定款変更を行うことがより望ましい。具体的な方法として、役付取締役に関する定款の記載を単純に削除してしまう選択肢と、役付取締役に関する記載を削除するとともに役付執行役員に関する記載を追加する選択肢とがあり得るが、実務上は、後者の例を採用し、役付執行役員について定款で明記する例が多いようである（なお、上記3社も、後者の方法を採用している）。

⑵　表見代表取締役への該当性

　会社は、「代表取締役以外の取締役に社長、副社長その他株式会社を代表する権限を有するものと認められる名称を付した場合には、当該取締役がした行為について、善意の第三者に対してその責任を負う」（会社法354条）。

　同条のいわゆる表見代表取締役は、取締役の役付を想定しているため、代表権のない執行役員兼務取締役が執行役員の役付として社長等の名称を使用する場合にも適用があるかが一応問題となり得る。

　もっとも、表見代表取締役の趣旨は社長等の名称に対する信頼を保護する点にあるところ、社長等の名称が取締役・執行役員いずれの肩書である場合であっても上記の趣旨は共通して当てはまると考えられること、また、そもそも取締役でない使用人に名称の使用を認めた場合ですら会社法354条が類推適用されると解されていること（最判昭和35・10・14民集14巻12号2499頁）、等からすれば、執行役員兼務取締役が執行役員の役付として社長等の名称を使用する場合には、会社法354条が適用されると解することが妥当であろう。

> Q32　執行役員兼務取締役は委任型で、それ以外の執行役員は雇用型というように、異なる取扱いをすることは可能でしょうか。

1　異なる取扱いの可否

　執行役員には委任型と雇用型の 2 種類があることを、Q27 で説明した。では、会社ごとにこの 2 種類のどちらか 1 つだけを選択しなければならないのかというと、必ずしもそうではない。

　繰り返しになるが、執行役員は各社において任意に設置・設計する制度であるから、執行役員を数種類に分け、委任型と雇用型とを併用することも可能である。

2　執行役員兼務取締役とそれ以外での区別

　委任型と雇用型とを併用する方法のうち、取締役を兼務する執行役員は委任型で、それ以外の執行役員は雇用型というように、執行役員兼務取締役とそれ以外とで異なる取扱いをすることも、実務上見受けられる方法である。

　このような区別をしている企業では、執行役員兼務取締役は、取締役として会社と委任関係にあり善管注意義務・忠実義務を負っている以上、執行役員部分についても同様に委任型と整理することが、シンプルでわかりやすいと考えているのではないかと思われる。

　実際にこのような取扱いを採用する旨公表した例として、安江工務店（2018 年）や KSK（2019 年）等が挙げられる。

3　異なる取扱いをする場合の留意点

　執行役員によって異なる取扱いをする場合は、適用される法令や権利義務関係等の相違が想定されることから、これらの相違点を明確に整理し、また、これに応じて、執行役員規程その他のルールも区別して定めておくことが必要である。

　具体的な定め方は、各社の実情に合わせて利用しやすいものとすればよく、さまざまなパターンがあり得るが、たとえば、委任型と雇用型の

2種類の執行役員規程を定め、それぞれの権利義務について規定する方法や、1つの執行役員規程の中で、両者に共通する内容と委任型・雇用型のみに適用される内容とをそれぞれ項目分けして規定する方法が、オーソドックスな方法として挙げられる。その他、雇用型の執行役員について一般の従業員と同様の労働条件を適用する会社であれば、従業員の就業規則等の中で、雇用型執行役員に関する規定を置く方法も考えられる。

　また、取締役を兼務する委任型執行役員についていえば、取締役としてのもの以外に独自の権利義務は生じないと整理し、あえて執行役員規程は置かず、取締役に関する法令や社内規程等に委ねるという選択肢もあり得る。

> Q33　当社は執行役員制度の導入を検討していますが、委任型と雇用型
> は何が違うのでしょうか。また、両者を区別する基準を教えてください。

1　執行役員の類型について

　執行役員制度については、大きく分けると、雇用型と委任型の2つの類型が存在する（両者が混在した執行役員制度も存在するが、紙幅の関係上、本稿では取り扱わない）。

　雇用型と委任型のどちらの類型の執行役員制度を導入すべきかは、会社が執行役員に対して、どのような役割・貢献を期待しているかによって変わる。

　会社が執行役員に対して、経営陣による指揮命令のもと業務を遂行すること、要するに一般の従業員と同じような役割・貢献を期待しているのであれば、雇用型の執行役員制度を導入・運用することになる。この場合、雇用型であるから、会社と執行役員間の契約関係は労働契約であり、労働関係法令が適用されることになる。

　他方、会社が執行役員に対して、取締役と同様に経営陣の一翼を担うような役割・貢献を期待して、会社の業績がよければ役員報酬を多く支給してその労に報いる一方、不振に終われば経営責任を負担させるのであれば、委任型の執行役員制度を導入することになる。この場合、契約関係は委任契約となるのが原則だが、例外も生じ得る。なぜなら、契約関係が委任契約であるか、それとも労働契約であるかは、勤務実態に照らして、会社の指揮命令に服しているかが実質的に検討され判断される事項と解されているからである。

　したがって、たとえ当初は委任型の執行役員制度を導入していたとしても、その運用が伴わず、執行役員が会社の指揮命令に服しながら業務を遂行しているような事態が生じていれば、契約関係は委任契約ではなく、労働契約と評価されることになる。その結果、執行役員には、雇用型の場合と同様、労働関係法令が適用されることになる。

2　雇用型執行役員であることの法的帰結

　上記1のとおり、雇用型の場合、労働関係法令の適用を受ける。それゆえ、会社は、執行役員規程等の規定内容にかかわらず、労基法24条が規定する賃金の支払に関する諸原則を遵守する必要がある。また、同法39条が規定する年次有給休暇の付与規制や、労契法16条が規定する解雇濫用規制等も遵守しなければならない。

　また、執行役員側も、労働関係法令による保護だけでなく規制も受けることになる。具体的には、労働条件の統一的・画一的決定の要請を受けることになるため、たとえ執行役員が労働条件の不利益変更に反対していても、執行役員規程の一方的な変更によって労働条件が不利益に変更される場合がある（労契法10条。Q34のとおり、執行役員規程は、労働関係法令上の「就業規則」として取り扱われるケースが多いと思われる）。

3　委任型執行役員であることの法的帰結

　勤務実態に照らして雇用型と評価されない限り、委任型の場合、労働関係法令の適用を受けない。それゆえ、会社との契約の内容は、民法90条によって公序良俗違反無効とされる場合を除いて、執行役員規程や任用契約、就任承諾書によって基礎付けられる。会社の業績が不振に陥れば役員報酬が支給されないこともあるし、緊急対応が必要であれば労働時間規制とは無関係に対応を迫られる。

　他方、委任契約は、労働契約と異なり、労働条件の統一的・画一的決定の要請を受けない。それゆえ、執行役員規程の一方的な変更により契約内容が不利益に変更されることはない。

4　雇用型と委任型の判断基準について

　実務上、会社が委任型を前提として執行役員を処遇してきたものの、関係悪化を契機に、執行役員が突然、解任が解雇権濫用法理に違反し無効であるとか、未払残業代が存在するなどと主張してくることがある。

　執行役員は、一般の従業員よりも厚遇されているケースが多い。そのため、仮に労働者となると、会社に生じる経済的負担は大きく、経営上無視できない事態となり得る。したがって、委任型の執行役員制度を導

入している場合、当初の制度設計どおり委任契約と評価されるよう的確に手当てしておくことが重要である。

　この点に関して裁判実務では、執行役員の労働者性の問題については、①執行役員への就任経緯等、②執行役員としての権限・業務遂行、③報酬の性質・額および④労働保険・社会保険上の取扱いを総合考慮して判断されると思われる（白石哲編著『労働関係訴訟の実務〔第 2 版〕』（商事法務、2018）8 頁〔光岡弘志〕参照。取締役の労働者性に関する論文であるが執行役員にも妥当すると解される）。

　以下、委任契約と評価されるためには、上記①～④の各考慮要素に関してどのような手当を図るべきかについて、個別に説明する。

(1)　執行役員への就任経緯等（上記①）

　執行役員への就任が退職事由とされ、その就任に伴い退職金が支給されていれば、労働者性が否定され委任契約であると認められやすくなる。

(2)　執行役員としての権限・業務遂行（上記②）

　本項目が考慮要素として最も重要であり、㋐執行役員が自ら業務執行に関する意思決定や具体的な業務執行を行っている場合や、㋑勤務時間・場所の管理や拘束がなく、業務遂行に裁量がある場合、㋒一般の従業員とは異なる業務内容に従事しているような場合は、労働者性が否定され委任契約であると認められやすい。

(3)　報酬の性質・額（上記③）

　執行役員に支給する金銭が、会計上役員報酬として処理されていたり、一般の従業員と比べて報酬が高額で、勤務時間や欠勤等に関係なく支給されている場合は、労働者性が否定され委任契約であると認められやすくなる。

(4)　労働保険・社会保険上の取扱い（上記④）

　あくまでも補足的に過ぎないが、雇用保険への加入の有無や経緯等も考慮要素となる。雇用保険等に加入していなければ委任契約であると認

められやすくなる。

5　ま と め

　これまで、雇用型と委任型の執行役員制度についてそれぞれ述べてき
たが、会社が執行役員制度を導入する際は、執行役員に期待する役割・
貢献が何かを定めることが重要であり、すべての出発点となる。

　執行役員に期待する役割・貢献が取締役に対するものに近ければ委任
型を前提に制度設計を行い、そうでなければ雇用型が前提となる。上記
4の各考慮要素を踏まえた上で、どのような内容の執行役員規程を作成
するか、いかなる報酬水準・報酬体系とするかを検討していくことにな
るだろう。また、雇用型であれ委任型であれ、執行役員制度を導入した
場合は、改正されない限り、当該制度どおりの運用を続けていくことも
重要である。

Q34　当社の執行役員は委任型と雇用型が混在していますが、両者に同じ執行役員規程を適用しています。今般、執行役員規程中の報酬に関する条項を変更することになりましたが、その変更手続について教えてください。

1　問題状況

執行役員規程の変更手続に関しては、規程内で「本規程の改廃は取締役会決議による」などと定めているケースが多い。

しかし、執行役員規程が労働関係法令上の「就業規則」に該当する場合、規程の変更に際して、規程内で定める変更手続だけでなく、労働関係法令に基づく各種の手続が必要となる。しかも、労働関係法令に基づく手続の中には、違反すると罰則の対象となるものもあるため、正確な理解が必要である。

そこで、以下では、①執行役員規程の「就業規則」該当性、および②執行役員規程の変更手続について、順次説明する。

2　執行役員規程の「就業規則」への該当性

(1)　「就業規則」の定義

まず、労基法上の「就業規則」の定義について確認すると、「使用者が定める、事業場の労働者集団に対して適用される労働条件や職場規律に関する規則類」と解されている（東京大学労働法研究会編『注釈労働基準法下巻』（有斐閣、2003）1002 頁〔荒木尚志〕）

以上の定義は、労契法上の「就業規則」にも同様に妥当すると解されている（厚生労働省「平成 20 年 1 月 23 日基発第 0123004 号」13 頁）。

(2)　執行役員規程の規定内容およびこれに伴う法的性質

次に、執行役員規程の規定内容についてみると、具体的な規定内容は会社によって異なるが、通常は、執行役員の選解任方法や任期、報酬等の待遇などが定められている。

それゆえ、雇用型を採用する会社や設例のような雇用型と委任型が混

在する会社の場合、執行役員規程は、不特定多数である執行役員の選解
任方法や任期、報酬等の待遇といった労働条件を統一的画一的に規律し
ている規則に該当することが多いため、労働関係法令上の「就業規則」
に該当すると取り扱うべきケースが大半だと思われる（東京地判平成 30・
3・27〔平 28（ワ）27962・平 29（ワ）2633 号〕参照）。

3　執行役員規程の変更手続

　上記 2 のとおり、執行役員規程が労働関係法令上の「就業規則」に該
当する場合、その変更にあたっては労働関係法令による規制を遵守する
必要がある（労契法 11 条、労基法 89 条および 90 条）。

　すなわち、会社は、取締役会決議といった社内手続のみならず、過半
数代表者から意見を聴いた上で、所轄の労働基準監督署に対して変更後
の執行役員規程を届け出る必要があるのである（労基法 89 条、90 条）。ま
た、労働関係法令上の「就業規則」に該当する以上、従業員に対しても、
変更後の執行役員規程を所定の方法により周知する必要もある（同法
106 条 1 項）。

　雇用型の執行役員制度を採用しているにもかかわらず、規程の変更に
あたって、労基法が定める義務を果たしている会社は案外少ないのでは
ないだろうか。しかし、これらの義務に 1 つでも違反すると、罰金刑（30
万円以下）の対象になることに注意しなければならない（労基法 120 条 1
号）。

　なお、委任型のみを前提とした執行役員制度の場合、執行役員規程は
労働関係法令上の「就業規則」には該当しない。したがって、このよう
な場合、執行役員規程の変更手続には労働関係法令上の規制が及ばない
ため、執行役員規程の届出や従業員に対する周知は必要ない。ただし、
委任型執行役員の勤務実態等に照らして労働者性が認められる場合もあ
り、このような場合では「就業規則」に該当するリスクがあるので、注
意されたい。

第 2 節　選　　任

> Q35　執行役員兼務取締役を選任する場合の手続について教えてください。

1　執行役員兼務取締役を選任する場面

　執行役員兼務取締役を選任する場面としては、概ね、①すでに執行役員である者を取締役に選任する場合、②執行役員制度の導入に伴い、取締役に執行役員を兼務させる場合、または③従業員であった者を取締役として選任すると同時に執行役員にも選任する場合が想定される。

　このうち、実務においては、まず従業員から執行役員に昇格させ、執行役員の中から取締役を選任する流れ（上記①）が多いものと考えられる。したがって、以下では、まず、①の場面を前提に、雇用型執行役員を雇用型執行役員兼務取締役に選任する場合（下記 2 ⑴）、委任型執行役員を委任型執行役員兼務取締役に選任する場合（下記 2 ⑵）、さらには雇用型執行役員を委任型執行役員兼務取締役に選任する場合（下記 2 ⑶）に分けて解説し、続いて②および③の場面について解説することとしたい。

　なお、大前提として、執行役員は、雇用型であれ委任型であれ「重要な使用人」（会社法 362 条 4 項 3 号）に該当するというのが一般的な理解であるので、その選任につき、取締役会の決議が必要となる。すなわち、下記に解説するいずれの場面でも（取締役を選任する株主総会決議のほか）執行役員として選任する場合における取締役会決議が必要となる点は共通しており、この決議さえ経ておけば大きな問題が生じることは通常は考えにくい。ただし、あわせて契約関係の整理を適切に行うことが肝要であり、これを誤ると思わぬトラブルに繋がるリスクもあるため、注意が必要である。

2　すでに執行役員である者を取締役に選任する場面（上記 1 ①）

⑴　雇用型執行役員を雇用型執行役員兼務取締役に選任する場合

　雇用型執行役員を取締役に選任して執行役員兼務取締役とする場合の

101

手続は、Q4 で述べた従業員兼務取締役の選任手続と概ね共通する。

　従業員兼務取締役の場合と異なるのは、雇用型執行役員の契約形態は有期労働契約である場合も多いという点である。この場合には、株主総会や取締役会における決定とは別に、執行役員の任期に応じた労働契約の更新を行うことになる。

(2)　委任型執行役員を委任型執行役員兼務取締役に選任する場合

　委任型執行役員兼務取締役の場合、理論上は、執行役員としての委任契約と取締役としての委任契約が併存することになる。執行役員の任期と取締役の任期にズレがある場合には、これを揃えるために、取締役就任と同時にそれまでの執行役員としての委任契約をいったん解除し、再度締結し直す（執行役員としての就任承諾書の作成等の簡易な手続によることも可能）といったことも考えられるところである。

　もっとも、委任型執行役員兼務取締役については、執行役員の地位は取締役が会社の機関として業務執行権限を有していることの表示・肩書に過ぎない（すなわち、業務執行取締役として選定されていることを示す名称に過ぎない）と解する見解もあり、かかる見解によれば、取締役としての委任契約とは別に執行役員としての委任契約を観念する余地はないということになる。この場合、委任型執行役員兼務取締役の選任手続としては、通常の取締役の選任手続（株主総会での選任決議）に加え、株主総会後の取締役会において、執行役員の肩書を持つ業務執行取締役として選定するのみで足りる（執行役員としての委任契約の締結手続は行われない）ことになる。

　実務上は、取締役が委任型執行役員を兼務する際に、執行役員としての委任契約を別途締結する例は必ずしも多くないと思われる。これは単に、取締役と執行役員の地位の区別が明確に意識されていないことによるものかもしれないが、事実上、執行役員の地位について、取締役が業務執行権限を有していることの表示・肩書と捉える考え方に近い運用がなされているものといえよう。

(3)　雇用型執行役員を委任型執行役員兼務取締役に選任する場合

Q32で述べたとおり、取締役を兼務する執行役員は委任型、それ以外の執行役員は雇用型、との区別をすることは可能である。

このような企業において、執行役員を取締役に選任する場合は、就任前からの労働契約を終了させるに伴う手続（退職手続、退職金支給、雇用保険からの脱退等）が必要となるほか、契約形態の変更に伴う権利義務の変化（労働者性の喪失）について、当該役員に説明し、正確に理解させておくことも大切である。

3　執行役員制度の導入に伴い、取締役に執行役員を兼務させる場面（上記1②）

この場合は、まず、執行役員制度の導入について取締役会決議（会社法362条4項）を経た上で、個々の取締役について、執行役員に選定する取締役会決議を経ることになる。

従業員兼務取締役を雇用型執行役員兼務取締役にスライドさせる場合は、執行役員としての雇用契約を有期契約とするかどうかによって手続が異なる。すなわち、従業員としての無期労働契約を執行役員としての任期付の契約に切り替える場合には、従前の労働契約をいったん終了させ、別途有期労働契約を締結し直すことになろう。他方、無期労働契約を維持したままで雇用型執行役員に選任する場合には、雇用契約について特段の処理は不要である。

これに対し、従業員兼務ではない取締役については、雇用型執行役員を兼務させることも理論上不可能ではないものの、通常は委任型執行役員を兼務させる形になると思われる。この場合の手続については前記2(2)と同様である。

4　従業員であった者を執行役員兼務取締役とする場面（上記1③）

執行役員制度を導入している企業で、執行役員を経ず従業員から一足飛びに執行役員兼務取締役になる例は必ずしも多くないと思われるが、仮にこのような選任をする場合は、株主総会における取締役選任決議お

および取締役会における業務執行取締役選定手続に加え、従前の労働契約
の終了のための手続が必要となり得る。

　すなわち、無期雇用タイプの雇用型執行役員とする場合を除き、従前
の労働契約をいったん終了させ、任期付きの執行役員としての労働契約
を締結し直す（Q28）か、あるいは（必要に応じて）執行役員としての委任
契約を締結することが考えられる。そして、契約形態や権利義務の変化
について、当該役員に十分説明する必要があることは、上記2(3)のとお
りである。

> Q36　執行役員兼務取締役について、取締役としての委任契約とは別に、執行役員としての任用契約が必要ですか。

1　執行役員就任時の任用契約の要否等

　まず、執行役員兼務取締役について検討するに先立ち、会社が執行役員との間で任用契約を締結する必要があるか否か、その任用契約にどのような内容を規定すべきかについて検討する。この点は、委任型執行役員か雇用型執行役員かで異なる。

　以下、委任型執行役員と雇用型執行役員について、それぞれ項目を分けて説明する（なお、委任型執行役員と雇用型執行役員の区別の基準については Q33 を参照）。

(1)　委任型執行役員の場合

　委任型執行役員の場合、会社は、従業員が執行役員に就任する際、従前の労働契約を終了させた上で、新たに委任契約を締結する必要がある。それゆえ、会社とすれば、委任契約としての任用契約の締結が必要不可欠である。

　そして、紛争の予防という観点からは、任用契約の締結は書面によることが適切である。執行役員としての任期や報酬額、役員として遵守すべき事項、退任後にも競業避止義務や秘密保持義務を負担するといった内容を具体的に規定する必要がある。また、任用契約において、そのすべてを網羅することは通常困難であるから、その詳細については執行役員規程等の社内規程の定めによることも併せて明記することになる。

(2)　雇用型執行役員の場合

　雇用型執行役員の場合、会社は、従業員が執行役員に就任するにあたっては、その従業員に対して、執行役員という職位への昇格を命じることになる。昇格は会社の一方的な意思表示によって行うことができるため、執行役員としての任用契約の締結は必要ではない。

　しかしながら、執行役員への就任に伴い、労働契約期間が無期から有

期に変更されたり、賃金体系が変更されるといった労働条件の実質的変更（有期労働契約への変更はいわゆる不利益変更にあたると考えられる）により、労働契約の性質に変化が生じる場合は、本人の同意を得て任用契約を締結する必要がある。もちろん、その任用契約の締結等にあたっては書面によることが適切であり、その書面には具体的な労働条件の内容を明記しておく必要がある。

2　執行役員兼務取締役の場合

(1)　委任型執行役員との兼務の場合

次に、取締役が委任型執行役員を兼務する場合について説明すると、実質的にみて、執行役員の地位はその取締役にとって独自の権利義務を発生させる根拠となるものではなく、取締役が会社の機関として業務執行権限を有していることの表示・肩書に過ぎないものと理解すべき例が多い（Q29 参照）。そのため、取締役としての委任契約と執行役員としての委任契約を区別する実益は乏しい（内容的にもほぼ重複する）ケースが大半であると考えられる。

実務上も、両者を明確に区別してそれぞれ書面で締結する運用は一般的ではない。

(2)　雇用型執行役員との兼務の場合

他方、取締役が雇用型執行役員を兼務する場合、取締役としての委任契約と執行役員としての労働契約は明らかに別の契約である。従業員からの昇格のケースにおいて、執行役員としての労働契約を締結し直すか否かは、前記1(2)のとおり、執行役員就任に伴い、従前の労働条件に実質的な変更が生じるか否かにより判断することが妥当である。無期労働契約から有期労働契約への変更等、労働契約の性質に変更が生じる場合には、執行役員についての任用契約（労働契約）の締結が別途必要になると考えられる。

第3節　報　　酬

> Q37　執行役員兼務取締役の報酬について、執行役員分の報酬は取締役の報酬規制の対象となるのでしょうか。

1　執行役員分の報酬とお手盛りの危険

　取締役が執行役員を兼務する場合、取締役としての報酬のほかに、執行役員としての報酬を受領することがある。

　会社法上、取締役の報酬の決定には、定款の定めまたは株主総会の決議が必要となる（会社法361条）。他方で、執行役員の報酬の決定は、これが会社の重要な業務執行事項（同法362条4項）に該当する場合であれば取締役会決議に、該当しない場合であれば代表取締役の決定によることとなり、いずれにせよ、株主総会決議を要しないため、株主による監督機能が働くことはない。

　そのため、取締役が執行役員としての報酬を受領する場合、理論上は、兼務分である執行役員としての報酬を過大なものとし、または不当に有利な条件を付すことが可能であり、取締役の報酬と同様のお手盛りの危険が存在し、会社法361条の規制目的が潜脱されるおそれがある。

2　執行役員分の報酬と昭和60年最高裁判例

　上記1記載のお手盛りの危険については、Q13において述べた従業員兼務取締役の従業員分給与に関する最高裁判例（最判昭和60・3・26集民144号247頁）において、①従業員として受ける給与の体系が明確に確立されていること、および②別に従業員としての給与を受けることを予定しつつ、取締役として受ける報酬額を株主総会で決議すること（すなわち、取締役としての報酬決議において、従業員分の給与が含まれていないことを明らかにすること）などを条件に、取締役の報酬規制の対象とはならないとの判断が示されている。

　執行役員は、その法律上の地位は会社の重要な使用人（会社法362条4項3号）と考えられるため、執行役員兼務取締役に対して執行役員分の

報酬を支給する場合には、上記判断枠組が同様にあてはまることとなる。

　すなわち、執行役員の報酬が明確な報酬体系に基づいて支給され、株主総会における取締役の報酬議案を付議する際に、参考書類上「執行役員分の報酬は含まれていないこと」が明示されていれば、基本的には取締役の報酬規制の対象とはならず、会社法361条の潜脱は問題にならない。

　雇用型執行役員の場合、執行役員分の報酬を従業員の一般の給与体系（給与規程等）に基づき支給するのであれば、上記要件を満たし得る。他方、委任型の場合も、明確な報酬体系が存在していれば、理論上は上記要件を満たし得ると考えられる。もっとも、実態としては、雇用型であれ委任型であれ従業員の一般の給与体系とはかけ離れた内容となる場合も多いと思われ、慎重な検討を要するところである。この点については、Q38も併せて参照されたい。

3　執行役員分の報酬と利益相反取引規制

　執行役員兼務取締役の執行役員分の報酬が上記2の要件を満たし、取締役の報酬に含まれないとすると、執行役員分の報酬は、会社との取引に基づき受領するものとして、利益相反取引（自己取引）規制（会社法365条1項、356条1項2号）を受ける。ただし、報酬の支給が、あらかじめ取締役会の承認を得て一般的に定められた給与体系に基づくものであれば、その都度取締役会の承認を得ることを要しないものとされている（最判昭和43・9・3集民92号163頁）。

　したがって、上記2の要件を満たす場合、取締役会の承認は必須ではないと考えられるが、実務上は、給与規程等に基づいて執行役員分の報酬を支払う旨の取締役会決議をしておく例も多い。

Q38　当社では、執行役員兼務取締役が経営の中枢としての役割を果たすようになっていますが、このような経営陣としての執行役員兼務取締役の報酬設計については、どのような点に留意すべきでしょうか。

1　執行役員兼務取締役の経営陣としての役割

Q37 では、執行役員兼務取締役が受領する執行役員分の報酬について、昭和 60 年最高裁判例をもとに、それが明確な報酬体系に基づいて支給され、株主総会における取締役の報酬議案を付議する際に、参考書類上「執行役員分の報酬は含まれていないこと」が明示されていれば、基本的には取締役の報酬規制の対象とはならず、会社法 361 条の潜脱は問題にならない旨を解説した。

しかし、実務上、執行役員兼務取締役は、担当業務分野の業務執行のトップとして、まさに経営の中枢としての役割を果たすことが想定されている。このような経営陣としての執行役員兼務取締役は、昭和 60 年最高裁判例が前提としていた従来型の従業員兼務取締役（典型的には、支店長、工場長等を兼務する平取締役）とはまったく異なる実態のものとなる。

そのため、執行役員兼務取締役が経営陣としての役割を担う会社において、昭和 60 年最高裁判例の考え方をそのまま適用し、執行役員分の報酬を支給することが妥当であるかについては、慎重な検討を要する。

2　経営陣の報酬設計（業績連動報酬、株式報酬）の活発化

日本の株式会社の経営陣の報酬は、依然として固定報酬が中心であり、業績連動型報酬や自社株報酬の割合は欧米に比して低い傾向にあると指摘されている。

とはいえ、近年、ソフトローの領域では、経営陣の報酬につき、適切なインセンティブを付与するための報酬体系とすることが盛んに議論されており、たとえば、コーポレートガバナンス・コードにおいては、「経営陣の報酬については、中長期的な会社の業績や潜在的リスクを反映させ、健全な企業家精神の発揮に資するようなインセンティブ付けを行うべきである。」（原則 4-2）、「取締役会は、経営陣の報酬が持続的な成長に

向けた健全なインセンティブとして機能するよう、客観性・透明性ある手続に従い、報酬制度を設計し、具体的な報酬額を決定すべきである。その際、中長期的な業績と連動する報酬の割合や、現金報酬と自社株報酬との割合を適切に設定すべきである。」（補充原則 4-2 ①）等とされている。

　これらを背景に、業績連動型報酬や株式報酬を導入する会社は、増加傾向にあり、たとえば、2018 年 7 月 13 日時点で、東証上場会社のうち、何らかのインセンティブ付与に関する施策を実施している会社は 68.6％（その内訳は、ストックオプション制度を導入する会社が 33.6％、業績連動型報酬制度を導入する会社が 31.7％、その他株式報酬等を導入する会社が 19.1％）を占めるまでに至っている（「東証上場会社コーポレート・ガバナンス白書 2019」（株式会社東京証券取引所）74 頁）。

3　経営陣としての執行役員兼務取締役の報酬

　かかる実務動向に鑑み、今後、経営陣としての執行役員兼務取締役の報酬制度は、ますます、従来型の従業員兼務取締役の報酬制度とは異なる内実を伴うものとなることが想定される。

　まず、執行役員兼務取締役が経営陣としての役割を果たす場合、その職務の実態からして、従業員としての要素はほぼ失われているといわざるを得ない。にもかかわらず、取締役報酬とは別に、「明確に確立されている従業員としての報酬体系」に沿った報酬を支給する理由は、そもそも見出し難く、その合理性は失われつつあるように思われる。

　また、経営陣の報酬が適切なインセンティブとして機能しているかは投資家の重大な関心事となっているところ、この点は経営陣が受け取る報酬全体のバランスを見て判断される。したがって、仮に、執行役員分の報酬として取締役報酬とは別個に固定額を支給し、業績連動型報酬、株式報酬を取締役報酬として支給するといった形の報酬ミックス（報酬構成）を採用したとしても、固定額部分を含めて投資家の判断を仰ぐことの重要性が高まっているものといえる。

　さらに、執行役員分の報酬に業績連動性を持たせる形とした場合は、もはや昭和 60 年最高裁判例が想定していた「使用人（従業員）としての

報酬体系」とは、明らかにかけ離れた内容となっているのであり（たとえば、業績連動型報酬において、その算定式が取締役の恣意的操作を可能にするパラメータを含む場合、取締役の恣意的評価により無制限に報酬を支給することも可能になる）、同判決の前提は失われているとみるべきであろう。

　したがって、執行役員兼務取締役が経営陣としての役割を果たし、従業員としての実質が失われていると評価し得る場合であれば、執行役員分の報酬支給を取りやめ、取締役としての報酬に一本化させることも 1 つの選択である。

　また、取締役としての報酬に一本化させない場合であっても、株主による監督機能が働くよう、取締役としての報酬総額のみならず、執行役員分の報酬総額も開示の上、「取締役としての実質的な意味における報酬」全体につき、株主によるコントロールが働くような仕組みを整えることが肝要である（報酬の開示につき Q39 参照）。

　なお、執行役員分の報酬が業績連動型報酬、株式報酬を含む場合、それは、Q37 で解説した利益相反取引規制に関する昭和 43 年最高裁判例が前提とする「一般的に定められた報酬体系」に基づく支給とは異なるものとなる。したがって、支給の都度、利益相反取引として、取締役会の承認決議を要することになることについても留意が必要である。

Q39　執行役員兼務取締役については、対外的にどのような開示がなされるのでしょうか。執行役員兼務取締役の報酬についてはどうでしょうか。

1　執行役員兼務取締役についての開示

この点は、Q5 で従業員兼務取締役について説明した内容が基本的に当てはまるため、以下では、従業員兼務取締役とは異なる留意点が存在する項目に限定して説明することとしたい。

(1)　証券取引所における適時開示

Q5 で説明したとおり、代表取締役以外の取締役の異動については、有価証券上場規程上、開示が義務付けられていないが、実務的には役員全般の異動について任意に開示がなされており、その中には執行役員兼務取締役に関する情報も事実上含まれる。

この他、執行役員制度を新たに導入する場合も任意に開示がなされることが多く、制度の導入に伴い選任される執行役員の人選（取締役が執行役員を兼務する場合はその旨）についても併せて開示されることになると考えられる。

(2)　事業報告における開示

Q5 で説明したとおり、事業報告において、「会社役員に関する事項」（会施規 119 条 2 号）、すなわち会社役員の氏名、地位および担当等（会施規 121 条 1 号、2 号）の記載が求められる。

執行役員はこの「会社役員」には該当せず、また、執行役員を兼務していることは、厳密には取締役の「地位」や「担当」にも該当しないと考えられるが、実務上は、取締役の「地位」や「担当」の項目に執行役員兼務である旨を記載する例も多い。

また、執行役員に関する情報も会社役員に準じる重要な情報であることを理由に、執行役員に関する事項を「株式会社の状況に関する重要な事項」（会施規 118 条 1 号）または「株式会社の現況に関する重要な事項」

（同規則 120 条 1 項 9 号）として事業報告に記載すべきとする見解もあり、実際、全国株懇連合会「平成 30 年度全株懇調査報告書」（2018 年 10 月）6 頁によれば、執行役員制度を導入する企業のうち 31.8％が、事業報告の役員欄に（注記として執行役員の一覧を記載する等の方法により）執行役員について記載している。そして、この執行役員に関する記載の中で、取締役との兼務である旨を記載する例もみられる。

(3)　株主総会参考書類における開示

Q5 では、株主総会参考書類において候補者の略歴の記載が求められる（会施規 74 条 1 項 1 号）こと、そして、取締役候補者が従業員を兼務していた場合には、その点を略歴欄に記載すべきことを説明した。

取締役が執行役員を兼務する場合、従業員を兼務する場合以上に重要性が高いことが通常であると考えられるから、その点を略歴欄に記載する必要があるし、実際にも多くの企業で記載がなされている。

(4)　有価証券報告書における開示

Q5 で説明したとおり、有価証券報告書において「役員の状況」の記載が求められるところ、執行役員はこの「役員」には該当しないが、役員に準じて執行役員に関する事項も役員欄に注記等で記載し、その中で、取締役を兼務している旨を記載することが考えられる。

また、「役員の状況」欄では役員の役職名や略歴の記載が求められる（開示府令 15 条 1 号イ、第三号様式）ところ、取締役が執行役員を兼務する場合、「役職名」の欄に執行役員である旨を記載することが考えられるほか、略歴欄にも執行役員としての職歴を記載して、具体的に経験した職務と地位を明確にする必要がある。

2　執行役員兼務取締役の報酬についての開示

この点は、Q15 で従業員兼務取締役について説明した内容が基本的に当てはまる。

すなわち、執行役員兼務取締役に対して、取締役としての報酬と別に執行役員分の報酬を支給する場合には、取締役の報酬等についての開示

が必要となるほか、執行役員分の報酬の開示について、従業員兼務取締役の従業員分給与と同様の枠組みで考えることになる。すなわち、執行役員部分の報酬が重要なものと評価されれば、委任型、雇用型を問わず事業報告および有価証券報告書への記載が必要となる（詳細は Q15 を参照）。実務上は、執行役員分の報酬が取締役としての報酬よりも多額であることが少なくないことから、多くの場合、執行役員分の報酬についても開示の対象となると考えることが適切であろう。

　また、Q38 で説明したように、執行役員分の報酬に業績連動型報酬や株式報酬等を含める場合には、取締役の恣意的評価を伴うおそれが生じるため、株主による監督機能が十分に働くよう、開示の充実を含めてより慎重な検討が必要となる。たとえば、事業報告で取締役の報酬総額を開示する際、執行役員分の報酬総額についても具体的に開示するとともに、すべての取締役が受領している取締役としての報酬と執行役員分の報酬の総額を株主総会で決議された報酬総額の枠内にとどめておく方法が提案されている（倉橋雄作「経営陣の報酬をめぐる新たな問題」商事法務2116号（2016）25頁）。

　なお、これに対し、執行役員兼務取締役に対して取締役として一本化した報酬のみを支払う場合（Q38 を参照）には、純粋に取締役の報酬等についての開示を行えば足りる。

Q40　従業員が執行役員兼務取締役に就任することになりましたが、退職金や従業員持株会の持分についてはどのように取り扱うべきでしょうか。

1　退職金支払の要否等

　従業員が執行役員兼務取締役に就任する場合、これに伴って退職金の支払手続が発生したり、従業員持株制度の導入会社では退会による持分の払戻手続が発生する場合がある。

　こうした手続が実際に発生するか否かは、就業規則（退職金規程）等の社内規程や従業員持株会規約の定めによるが、法的には就任する執行役員の類型が委任型か雇用型かによって異なる場合が多い。そこで、以下、委任型執行役員と雇用型執行役員に場合を分けて、それぞれ説明する（なお、委任型執行役員と雇用型執行役員の区別の基準については Q33 を参照）。

2　委任型執行役員の場合

(1)　退職金支払の要否

　委任型執行役員制度を導入する会社では、就業規則上、執行役員や取締役の就任が従業員の退職事由として規定されているのが通常である。なぜなら、こうした会社では、会社と執行役員・取締役との間の契約関係を委任契約として整理するため、これまでの会社と従業員との間の労働契約関係を終了させる必要があるからである。

　したがって、従業員は、執行役員兼務取締役の就任に伴い退職扱いとなるから、会社は、当該従業員に対し、就業規則（退職金規程）の規定に基づき、退職金を支払う必要がある。

(2)　従業員持株会からの退会の有無

　従業員持株会規約上、持株会の会員が会社および子会社等の従業員に限定され、「会員が従業員でなくなった場合は、自動的に退会するものとする」等として、従業員の地位喪失に伴う自動退会規定が設けられているのが通常である。

115

　したがって、従業員は、従業員持株会規約に基づき、取締役の就任によって持株会を退会扱いとなり、持分の払戻しを受けることになる。

　なお、執行役員は、委任型・雇用型を問わず、従業員持株会の会員に含めることが許されているから（日本証券業協会「持株制度に関するガイドライン」第2章4項）、規約上、執行役員を会員に含めている持株会もあろう。その場合であっても、取締役を会員に含めることは許されていないから（Q16参照）、従業員が執行役員兼務取締役に就任した場合、持株会から退会扱いとなることは変わらない。

　役員持株会が存在する場合には、従業員持株会から退会する際に引き出した株式を役員持株会に組み入れるなどして、役員持株会に入会することになろう。

3　雇用型執行役員の場合

⑴　退職金支払の要否

　雇用型執行役員制度を導入する会社では、就業規則上、執行役員の就任が従業員の退職事由として規定されているとは限らない。執行役員を幹部従業員の役職とし、執行役員の就任を従業員の退職を伴わない昇進と位置付ける制度も考えられるからである。

　したがって、この場合、執行役員兼務取締役の就任に伴う退職金支払の要否は、就業規則上、執行役員の就任が従業員の退職事由として規定されているか否かによる。なお、退職金の支払時期は、就業規則（退職金規程）に定めるところによる。

⑵　従業員持株会からの退会の有無

　前記のとおり、取締役を従業員持株会の会員に含めることは許されていない（Q16参照）。

　したがって、執行役員制度の内容の如何にかかわらず、従業員は、従業員持株会規約に基づき、執行役員兼務取締役への就任によって持株会を退会扱いとなる。

Q41　当社の雇用型執行役員の報酬は年俸制です。今般、雇用型執行役員兼務取締役であった退職者から未払残業代請求を受けましたが、応じなければならないでしょうか。

1　雇用型執行役員兼務取締役と残業代

　雇用型執行役員兼務取締役は、従業員兼務取締役の一類型である。そのため、雇用型執行役員兼務取締役が所定労働時間を超えて執行役員（従業員）としての業務にあたった場合には、これを残業として取り扱う必要がある。

　もっとも、従業員兼務取締役は、従業員であると同時に取締役の地位も有していることから、所定労働時間を超えて行った業務が従業員としての業務であるのか、取締役としての職務であるのかという点が一応問題となり得る。

　この点については、雇用型執行役員兼務取締役の場合、業務執行に属する行為は従業員たる執行役員の地位において行っているものと解されるため（Q29 参照）、時間外の業務に業務執行性が認められるか否かによって取締役としての職務との区別がなされることになろう。

　なお、雇用型執行役員制度を導入する企業では、通常、雇用型執行役員を管理監督者（労基法 41 条 2 号）として取り扱っているものと思われる。

　管理監督者とは、事業主に代わって労務管理を行う地位にあり、労働者の労働時間を決定し、労働時間に従った労働者の作業を監督する者である。

　管理監督者は、自らの労働時間を自らの裁量で律することができ、かつ地位に応じた高い待遇を受けるため、法定労働時間を超えて労働し、あるいは法定休日に労働しても、時間外・休日割増賃金は発生しない。他方、管理監督者であっても、深夜（22 時から翌日 5 時までの時間帯）に労働すると、深夜割増賃金が発生する。

　したがって、雇用型執行役員兼務取締役が深夜に業務執行にあたった場合には、深夜割増賃金の支払いが必要になる。

2　年俸制と残業代

　年俸制の定義はさまざまであるが、一般的には、賃金の全部または相当部分を、対象者の業績等に関する目標の達成度を評価して、年単位で設定する制度と理解されている。

　年俸制は、成果主義賃金制度への改革の一環として、大企業の上級管理職者を中心に導入が進められており、雇用型執行役員制度とも親和性がある制度といえよう。

　誤解されやすい点であるが、年俸制それ自体は、いわゆる残業代（時間外・休日・深夜割増賃金）の支払義務を免れさせる効果をもたない。管理監督者に該当し、年俸制が適用されている雇用型執行役員に対しても、深夜割増賃金を支払う必要がある。

　なお、働き方改革関連法で導入された高度プロフェッショナル制度は、残業代の支払義務を免れさせる効果をもつ制度であるが、同制度は適用対象業務が限られているため、雇用型執行役員全般に適用することはできない。

3　深夜割増賃金を含んだ年俸額の設定

　割増賃金は基本給に組み込んで支払うことも法的には可能であるから、管理監督者に該当する雇用型執行役員に対しては、深夜割増賃金を年俸に組み込んで支払うことも可能である。

　もっとも、法的に有効な割増賃金の支払と認められるためには割増賃金相当部分が法定額を満たすか否かが確認できなければならないから、年俸の中の割増賃金相当部分とそれ以外の部分が明確に区別されている必要がある。

　したがって、深夜割増賃金を年俸に組み込んで支払う場合、①執行役員規程に「年俸には深夜割増賃金が含まれる」旨を明記する必要があり、②個別の任用契約書には、より具体的に、「年俸月額には月○時間分の深夜割増賃金○円を含む」等として、年俸に含まれる深夜割増賃金の時間数とその金額を具体的に定める必要がある。そうしないと、法的に有効な深夜割増賃金の支払と認められないリスクがある。なお、働き方改革関連法で時間外労働の上限が設定されたこともあり、年俸に含まれる深

夜割増賃金の時間数が長いと設定時間が（部分的に）無効となるリスクがあることも注意が必要である。

　また、実際の深夜勤務によって生じた深夜割増賃金が年俸月額に組み込まれた割増賃金相当額を超過する場合、差額を支払う必要があるため、超過分の有無を毎月チェックする必要がある。詳細は、**Q18** を参照されたい。

4　賞与部分の取扱い

　深夜割増賃金は、「割増賃金の基礎となる賃金」に「深夜労働時間数」と「割増率（0.25）」をそれぞれ乗じて算出する。

　この「割増賃金の基礎となる賃金」は、年俸額（年俸に深夜割増賃金相当額を含む場合は当該相当額を除いた残額）を年間所定労働時間数で割ることで算出する。

　年俸制における割増賃金の計算で留意しなければならないのが、賞与部分の取扱いである。

　通常、賞与は、「一箇月を超える期間ごとに支払われる賃金」（労基則21条5項）に該当し、「割増賃金の基礎となる賃金」に含める必要がない（除外賃金）。しかし、年俸制において、年度当初に年俸額を決定し、その一部を「賞与」として支払うのであれば、「賞与」は除外賃金に該当せず、「割増賃金の基礎となる賃金」に含めなければならない点、すなわち、「賞与」分だけ深夜割増賃金の時間単価が増えてしまう点に注意が必要である。

第4節　その他の問題点

Q42　任期を定めた雇用型執行役員も無期転換申込権が与えられるので
しょうか。雇用型執行役員を兼務する取締役が無期転換申込権を行使す
ると、どのような不都合が想定されますか。

1　無期労働契約への転換とは

　無期労働契約への転換とは、同一の使用者との間で、有期労働契約が
5年を超えて更新された場合は、無期労働契約への転換を申込む権利（無
期転換申込権）が労働者に付与され、労働者の権利行使により、有期労働
契約が無期労働契約に転換するというものであり（労契法18条）、2012
年の労働契約法改正で導入されたものである。

　雇用型執行役員の就任に伴って、会社との労働契約関係が無期労働契
約から有期労働契約に変更される場合、雇用型執行役員にも無期転換申
込権が付与され得る。

2　無期転換申込権の行使と転換後の契約内容

　無期転換申込権は、権利が付与されてから契約期間の満了までの間に、
行使することができる。また、契約期間の満了までに無期転換申込権が
行使されずに権利が消滅した場合でも、契約が更新されれば、新たに付
与された無期転換申込権を行使することができる。

　無期転換申込権が行使されると、使用者がその申込みを承諾したもの
とみなされ、無期労働契約が成立する。こうして成立した無期労働契約
の内容は、「別段の定め」がない限り、直前の有期労働契約の労働条件（職
務、勤務地、賃金、労働時間等）と同一となる。

3　無期転換申込権の行使によって生じうる不都合

　雇用型執行役員が無期転換申込権を行使した場合、従前の労働契約が
無期労働契約に転化するから、当初設定された契約期間（執行役員の任期）
満了後も、会社との労働契約関係が存続することになる。

　その結果、たとえば、取締役としての任期と執行役員としての任期を
揃えておき、任期満了時には双方の地位を喪失して退職する、という前
提で取締役に執行役員を兼務させていた場合でも、執行役員の交代が当
然には実現しなくなるから、人事計画を見直さざるを得なくなるおそれ
がある。なお、人事権を行使して、無期転換申込権を行使した執行役員
を執行役員のポストから外したとしても、これに伴って当然に賃金等の
労働条件の引下げができるわけではない。

4　不都合を回避・緩和するための方策
　以上の不都合を避けるため、あるいは緩和するため、雇用型執行役員
との労働契約関係について、会社が取り得る方策として、以下のものが
考えられる。

(1)　無期転換申込権の発生を避けるための方策
　ア　再任の回避
　無期転換申込権の発生を避けるため、雇用型執行役員の任期が通算 5
年を超える前に再任しない（契約の更新拒絶）という方策も考えられる。
　もっとも、契約の更新拒絶はいわゆる「雇止め」であり、その実施に
法的リスクを伴う（Q46 参照）。
　そこで、法的リスクを低減させるため、執行役員規程の任期の規定に
上限を新設する（たとえば、「執行役員の任期は就任後○年内の最終の決算期
末日までとする。また、再任を妨げないが、通算 5 年を超えて再任することは
ない」等）ことが考えられる。もっとも、この場合、執行役員規程は就業
規則にあたるため、就業規則の不利益変更の問題が生じる点に注意が必
要である（Q34 参照）。
　また、既存の雇用型執行役員との関係では、再任への合理的期待を解
消させるため、執行役員規程の改定に加えて、再任時に不再任の合意（た
とえば、「任期満了をもって契約終了とし、契約更新は行わない」等の合意）を
締結する必要がある。
　イ　発生前の無期転換申込権の放棄
　無期転換申込権の発生前に、会社と雇用型執行役員との間で無期転換

申込権を行使しない旨の合意を締結するという方策も考えられる。

　この点、通達上、無期転換申込権を行使しないことを更新の条件とする等、有期契約労働者にあらかじめ無期転換申込権を放棄させることは、公序良俗に反し無効と解されるとの指摘がある（平成24年8月10日基発0810第2号）。

　他方で、上記通達で想定されているのは交渉力が弱い一般の有期契約労働者の場合であり、無期転換申込権を行使するか否かはあくまで労働者の自由だから、「合理的な理由があってそれが本人の真意に出ていると認められれば、放棄できる」という見解も有力である（菅野和夫『労働法〔第12版〕』（弘文堂、2019）326頁）。

　雇用型執行役員の場合、一般の有期契約労働者とは交渉力等置かれた状況が異なるから、無期転換申込権を行使しない旨の合意が当然に無効になるとは解されない。ただし、権利の不行使が「合理的な理由があって本人の真意に出ている」ことを明確にするべく、不行使の合意にあたって、金銭補償等の相応の代償措置を検討する必要があろう。

(2)　無期転換申込権発生後の権利行使を避けるための方策

　上記(1)イの場合と異なり、無期転換申込権の発生後に、会社と有期契約労働者との間で無期転換申込権を放棄する旨の合意をすることは、有効となりやすいと解されている（菅野・前掲327頁）。

　もっとも、労働者の自由意思に基づかない放棄は無効となる可能性があるため、合意の締結にあたっては、雇用型執行役員に対して、無期転換申込権を有していることおよび権利の内容を事前に説明しておくのが無難である。

(3)　不都合を緩和するための方策

ア　無期転換後の労働条件の再設定

　無期転換申込権の行使後の労働条件は、「別段の定め」をすれば、従前の労働条件を引き下げることも可能である。

　「別段の定め」には、就業規則や個別の合意も含まれるから、執行役員規程に「執行役員が無期転換申込権を行使した場合、行使後の労働条件

は引き下げる場合がある」旨を明記した上で、申込権が行使された際に、会社と行使者との間で具体的な労働条件を合意すること等が考えられる（なお、執行役員規程の改定によって就業規則の不利益変更の問題が生じる点は上記(1)アと同様である）。

　もっとも、前掲通達上、職務内容に変更がないにもかかわらず、無期転換後の労働条件を従前より低下させることは望ましくないと指摘がある。このため、個別合意における労働条件は職務内容等とバランスが取れた内容となるよう注意する必要がある。

　　イ　定年制の導入

　無期転換申込権が行使されると、執行役員規程や執行役員に適用される就業規則に定めがない場合には、雇用型執行役員との労働契約は終期なく存続することになる（いわば「終身」の労働契約となる）。

　こうした事態を避けるため、執行役員規程に定年制を設けることが考えられる。定年制の定め方は、Q44 を参照されたい。

Q43　当社の雇用型執行役員兼務取締役が精神疾患を発症し、療養が必要となりました。精神疾患が業務上のものか、私傷病か判断できない状況ですが、休職させるべきでしょうか。

1　取締役の病気療養

(1)　取締役に対する辞任勧告等

執行役員兼務取締役が精神疾患を発症した場合の対応について、まず、取締役の地位に関して検討すると、会社と取締役の関係は委任関係であり、従業員のような休職制度はないのが通常であるから、病気療養が必要な状況であれば、取締役の職を続けるか、辞するかという判断が必要になる。

そして、当該執行役員兼務取締役が取締役として最低限の職務を執行することが可能な状態にあり、他の取締役による担当の兼務などによって内部統制システムを問題なく維持できるのであれば、取締役の地位に就いたまま療養するということも考えられなくはない。その場合、会社は、常勤取締役から非常勤取締役に変更し、それに伴い取締役報酬額を減額するなど、当該執行役員兼務取締役と協議の上、委任契約の内容を変更する必要があろう。

もっとも、当該執行役員兼務取締役について私傷病と判断できない状況だとすると、業務による心理的負荷が精神疾患の原因となっている可能性も否定できない。また、取締役の責任は重大であり、他の取締役に対する監視・監督義務等を負っていることからすると、心身が万全でない状態で取締役を続けることは、当該執行役員兼務取締役自身にとっても監視・監督義務違反を問われるリスクがある。これらを考慮すると、会社は、取締役としての職責を果たせるかについて疑義がある場合、辞任勧告という選択肢を検討せざるを得ないであろう。

(2)　取締役に対する解任決議と留意点

なお、執行役員兼務取締役が取締役の職を辞すべき状況にあるにもかかわらず、辞任の意思表示を得られない場合には、上場会社の場合は時

間と費用がかかるが、株主総会決議により解任することも可能である（会社法339条1項等）。

　ただし、会社は株主総会決議によりいつでも取締役を解任できる一方で、解任に正当な理由がある場合を除き、解任された取締役は会社に対して損害賠償請求をすることができるとされている（会社法339条2項）。心身の故障は解任の正当理由に該当すると解される（最判昭和57・1・21集民135号77頁）ので、精神疾患が私傷病であり、かつ、療養に専念する必要がある場合には解任の正当事由が認められる可能性が高いが、そうでない場合には損害賠償が問題となり得ることに注意が必要である。

2　雇用型執行役員の休職

(1)　休職対応と留意点

　次に、雇用型執行役員としての取扱いについては、精神疾患が業務上のものであれば、療養補償（労基法75条）、休業補償（同法76条）その他の業務災害としての対応が必要となり、休業期間およびその後30日は解雇が制限される（同法19条1項）。そのため、精神疾患が業務上のものであるか否か、厚生労働省の「心理的負荷による精神障害の認定基準」等を踏まえて検討する必要がある。

　もっとも、精神疾患が業務上のものか否かの見極めは容易ではなく、会社としては判断が難しい場合も多い。特に本人が業務災害であると主張するような場合には、会社が私傷病であると断定することは困難であろう。上記解雇制限等を考慮すると、そのような場合に執行役員を解雇するのはリスクがあり、対応としては、いったん私傷病のよる休職の規定等に従って休職させつつ、本人から労働基準監督署に労災補償の給付請求をしてもらい、最終的には労働基準監督署長の判断に委ねることが考えられる。

　そして、雇用型執行役員の休職については、当該執行役員に適用のある執行役員規程、就業規則に休職の規定があればそれに従うことになり、休職の規定がない場合には合意により休職させる（療養のため一定期間の欠勤を認め、解雇を猶予する）ことも考えられる。その際、執行役員が復職後短期間で再度休職するようなことになれば業務への影響も大きいの

で、復職の基準や手続について確認し、執行役員規程等で明確に定められていない場合には、休職を命じる際に合意しておく必要がある。

⑵　休職と無期転換権の行使リスク

なお、執行役員の休職制度について、正社員の就業規則における休職制度をそのまま執行役員規程で準用する例もみられる。

執行役員制度自体が会社によって異なるため一概にはいえないが、会社と執行役員との間の労働契約が有期労働契約である場合、執行役員に長期雇用を前提とした正社員と同様の休職期間を認める必要性は乏しい上、休職規定の適用により長期間の休職が権利として認められれば、その間の契約更新拒絶は難しく、場合によっては会社の想定していない無期転換権が発生することも考えられる（無期転換権の行使によるリスクについては Q42 参照）。また、執行役員として復職する以上、復職時の軽減勤務という対応も難しい。

したがって、自社の執行役員制度に適した休職制度となるように、休職期間や復職の基準等を検討し、事前に休職制度を整備しておくことが重要である。

第 5 節　退　　任

Q44　当社は雇用型執行役員制度を採用しています。当社の執行役員規程には再任年限や定年の定めがありませんが、問題ないでしょうか。新たに再任年限や定年規定を設ける場合、法的規制やその他の留意点を教えてください。

1　執行役員規程に定年等の定めがない場合の問題点

　雇用型執行役員制度を採用している会社の場合、会社と執行役員は労働契約関係にある。

　定年や再任年限の要否は、会社と執行役員との間の労働契約が無期労働契約か有期労働契約かによって異なる。そこで、以下、無期労働契約と有期労働契約の場合に分けて説明する。

(1)　無期労働契約の場合

　一般従業員の就業規則上、執行役員への就任が退職事由とされていない場合、会社と執行役員との間の労働契約は、従前の無期労働契約が継続していると解される。

　この場合、執行役員規程は執行役員という役職の特殊性に配慮した就業規則の特則と理解され、執行役員には執行役員規程のほか一般従業員の就業規則が適用される。このため、執行役員が定年に達すれば、一般従業員の就業規則の定年の定めが適用されて無期労働契約が終了することになる。

　なお、このような会社で取締役が執行役員を兼務する場合（一般従業員の就業規則上、取締役への就任が退職事由とされていない場合が多いであろう）、執行役員としての労働契約は従前の無期労働契約が維持されることとなるため、取締役を退任しても、本人が自発的に退職しない限り、一般従業員の定年に達するまでの間は、原則として従業員の身分が存続することとなる。

(2)　有期労働契約の場合

　一般従業員の就業規則上、執行役員への就任が退職事由とされている場合、執行役員就任によって従前の無期労働契約は終了し、会社との間で新たに労働契約を締結することになる。新たに締結される労働契約は、執行役員の任期を契約期間とする有期労働契約と解される場合が多い。

　このような会社で、原則として複数回の再任（契約更新）が予定されている場合、再任を繰り返し任期が通算5年を超えた執行役員には、無期転換申込権（労契法18条）が付与される。そして、執行役員が無期転換申込権を行使すると、当該執行役員との契約は無期労働契約に転化することになる。このため、（一般従業員の就業規則等の定め方にもよるものの）執行役員規程に定年の定めがなければ、労働契約の終了事由がなくなり、最悪の場合、会社は執行役員を終身雇用しなければならないリスクがある。

2　上記1⑵の問題点への対応策

　上記1⑵で述べたリスクを避けるための方策としては、以下の①〜③が考えられる。①③は無期転換申込権の発生を避けるための方策であり、②は無期転換申込権が行使された場合の方策である。

　①　5年以下の再任年限を設定する

　②　執行役員規程に定年の定めを導入する

　③　有期雇用特別措置法に基づく第2種計画認定を受けた上で執行役員の新規就任年齢を60歳以上とする

　いずれを採用するかは、各会社における執行役員の役割および位置付け次第であろうが、執行役員の就任年齢が常に60歳以上というような会社は稀ではないかと思われるので、執行役員の標準的な在任期間が5年以下の会社は①を、5年以上の会社は②を選択することになろう。

　なお、雇用型執行役員制度を採用する会社の場合、執行役員規程は執行役員という名称の従業員に適用される就業規則と理解されるから、①②の導入にあたって、執行役員規程を改定せずに、会社と執行役員との間の任用契約等の個別合意によって導入しようとしても、就業規則の最低基準効（労契法12条）との関係で個別合意が無効となるリスクがある。

したがって、①②を導入する場合、執行役員規程を改定する必要がある。また、①については、雇止めの法理（労契法 19 条）が適用されるリスクを低減する観点からも、執行役員規程に明文化する必要がある。

3　再任年限の設定または定年の定めの導入の際の法的規制その他の留意点

(1)　就業規則の変更に係る法的規制

　上記のとおり、雇用型執行役員制度を採用する会社の場合、執行役員規程は就業規則と解される。執行役員規程に再任年限を設定し（上記①）または定年の定めを導入する（上記②）ことは、現に締結しまたは将来締結する労働契約にかかる労働条件を不利益に変更するものであるから、上記①または②の方策をとる場合には、就業規則の不利益変更として有効である必要がある。

　すなわち、(i)変更の合理性を満たすため、執行役員規程の変更が、労働者の受ける不利益の程度、労働条件の変更の必要性、変更後の就業規則の内容の相当性、労働組合等との交渉の状況、その他の就業規則の変更に係る事情に照らして合理的なものであることが必要である（労契法 10 条）。また、(ii)変更手続として、労働者の過半数で組織する労働組合（労働者の過半数で組織する労働組合がない場合は労働者の過半数を代表する者）の意見を聴取し、労働監督基準署に届け出、変更後の就業規則を労働者に周知させること（同法 10 条、11 条、労基法 89 条、90 条）も必要である。

(2)　実務上の対応策

　もっとも、上記(i)について、不利益を被るのは制度変更時点の執行役員である。制度変更後に執行役員に就任する者は、変更後の制度を受け入れた上で執行役員に就任していると解されるからである。その意味で、労契法 10 条の観点から、不利益変更の合理性を担保するための各種の検討は重要ではあるものの、実務上より重要なのは、執行役員規程の不利益変更の有効性を巡る紛争を未然に防ぐこと、すなわち、制度変更時点の執行役員から不利益変更について自由意思に基づく同意を得ることである。

　したがって、上記①または上記②のいずれ（あるいは両方）を採用する
にせよ、制度変更時点の執行役員に対して、不利益変更の内容および変
更の必要性等について丁寧な説明を行い、必要に応じてしかるべき代償
措置（金銭補償や退職に伴う別途の契約締結の提示等）を用意した上で、同
意書を取得する必要がある。

　また、同意書の取得にあたっては、自由意思に基づく同意であること
を書面上明確にするため、同意書に同意文言だけでなく上記の説明内容
や代償措置の内容を記載しておく必要がある。

⑶　その他の留意点

　なお、執行役員規程に上記②を導入する場合、定年の定めは、無期転
換後の労働契約の終了事由の趣旨だけでなく、有期労働契約の更新上限
（または定年に達した月での契約期間途中での終了）の趣旨を併せ持つこと
になる。

　このような更新上限（定年年齢）を設けることによって、更新上限（定
年年齢）までは雇用を保障する趣旨といった誤解を与えないように、上
記②を導入する場合には、「定年の年齢は再任の上限を示すものであっ
て、その年齢まで当然に再任されるものではない」旨を規定しておく必
要がある。

Q45　当社の雇用型執行役員兼務取締役に職務遂行上の問題がみつかりました。できればすぐに辞めて欲しいのですが、当人から辞表が提出される見込みはなさそうです。どう対応したらよいでしょうか。

1　雇用型執行役員兼務取締役との契約関係の解消

　会社と雇用型執行役員兼務取締役との間には、取締役としての委任契約関係と、雇用型執行役員としての労働契約関係が併存する。

　雇用型執行役員兼務取締役が辞任しない状況で、会社がこの者との契約関係の解消を望む場合、委任契約と労働契約とでは解消を検討するうえでの観点が大きく異なる。そこで、以下、委任契約と労働契約に分けて説明する。

2　委任契約関係の解消

　会社が取締役としての委任契約関係を解消するには、会社から委任契約を解除（解任）するか、契約期間満了による委任契約の終了（任期満了）を待つ必要がある。

　会社からの契約解除は、取締役の解任手続として株主総会決議が必要となり（会社法 339 条 1 項）、また、事後的な損害賠償（同条 2 項）も問題となり得るため、ハードルは決して低くはない。また、上場企業の場合、解任決議がなされた事実が適時開示や臨時報告書によって公表されることで、会社の評判に影響する可能性も否定できない。

　以上から、委任契約関係の解消手段として、会社が委任契約を解除（解任）するのは、慎重である必要があり、取締役が辞任しない場合、任期満了を待つのが適切な場合も多いのではないかと考えられる。

3　労働契約関係の解消

(1)　関係解消に必要な手続

　実務上、執行役員規程において、雇用型執行役員に問題行為があった場合には取締役会が解任することができる旨の規定を設けている会社は多い。しかし、取締役会で解任決議さえすれば、いつでも雇用型執行役

員との間の労働契約を一方的に解消することができるのだろうか。

　ここで、「執行役員の解任」という場合、執行役員規程の記載ぶりによって2つの解釈があり得る点に注意が必要である。

　すなわち、①「執行役員の解任」とは執行権の剥奪のみを指し、会社との労働契約（従業員たる地位）は継続するという解釈があり得る。そのような趣旨であれば、執行権の剥奪は取締役会の判断で可能であるから、取締役会はいつでもこれを行うことができる。ただし、会社と当該執行役員との間の労働契約は継続するから、労働契約を終了させるには、別途の手続が必要である。

　他方、②「執行役員の解任」とは会社と執行役員との間の労働契約の終了（従業員たる地位の喪失）まで含むという解釈もあり得る。この場合には、労働契約を解消するために執行役員の解任とは別の手続を取る必要はないが、解任手続が労働関係法令の規制に服するため、会社が自由に解任することはできず、法定の要件を満たしていなければ無効とされる点に注意が必要である。

(2)　無期労働契約の場合

　一般従業員に適用される就業規則上、執行役員への就任が退職事由とされていない場合、会社と執行役員との間の労働契約は、従前の無期労働契約が継続していると解される。この場合、会社が労働契約を一方的に終了させるには、普通解雇または懲戒解雇によらなければならない。

　この点、普通解雇と懲戒解雇はいずれも、法律の条文上は、客観的に合理的な理由があり、社会通念上相当であると認められることが必要とされている（労契法15条、16条）。

　もっとも、懲戒解雇は、企業が有する懲戒権の行使であり、普通解雇とは法的性質が異なるため、懲戒解雇が有効となるためには、上記要件に加え、以下の要件が必要となる。すなわち、①懲戒解雇の対象行為が就業規則上の懲戒解雇事由に該当する必要があり、②懲戒解雇の対象行為が、原則として、解雇の時点で会社が認識していた行為に限られ（懲戒解雇後に判明した行為を懲戒解雇事由に加えることはできない）、③対象行為の性質・態様その他の事情に照らして懲戒解雇が重すぎないこと（相

当性があること）が必要であり、④就業規則や労働協約上の懲戒処分手続が実施される必要がある。

　したがって、本問において会社が普通解雇または懲戒解雇をすべきか否かは、上記の要件を満たすか否かという観点から検討する必要がある。そして、検討の結果、解雇の有効性が見込める場合、会社は解雇に踏み切ることになるであろうし、そうでない場合、会社は、解雇を避けて、労働契約の合意解約に向けて雇用型執行役員兼務取締役と協議するか、「職務遂行上の問題」を不問に付したと評価されないための措置（より軽い懲戒処分や注意指導等）を講じた上で労働契約関係を継続させるのが通常の対応となろう。

(3)　有期労働契約の場合

　一般従業員に適用される就業規則上、執行役員への就任が退職事由とされている場合、執行役員就任によって従前の無期労働契約は終了する。そして、会社との間で新たに締結される労働契約は、執行役員の任期を契約期間とする有期労働契約と解される場合が多い。この場合、会社が契約期間（任期）途中に労働契約を一方的に終了させるには、普通解雇または懲戒解雇によらなければならない。

　この点、有期労働契約の契約期間中の解雇には、「やむを得ない事由」（労契法 17 条 1 項）、すなわち、契約期間の満了を待つことなくただちに契約を終了させざるを得ないような特別の重大な事由が必要とされ、無期労働契約における（普通）解雇よりもハードルが高いと解されている。

　本問において、会社が普通解雇または懲戒解雇を行うことができるのは、「職務遂行上の問題」が上記のような「特別の重大な事由」に相当する場合に限られる。

　したがって、「職務遂行上の問題」の重大性にもよろうが、雇用型執行役員の任期が 1～2 年と短期の場合には、労働契約自体は任期満了まで継続させ、任期満了をもって終了させるのが通常の対応となろう（任期満了による労働契約終了については、Q46 を参照）。

Q46　当社の雇用型執行役員兼務取締役に職務遂行上の問題が見つかり
ました。執行役員としても取締役としても任期満了間近なので、再任しな
い予定ですが、問題ないでしょうか。

1　雇用型執行役員兼務取締役の再任拒否

　会社と雇用型執行役員兼務取締役との間には、取締役としての委任契
約関係と、雇用型執行役員としての労働契約関係が併存する。

　会社が、任期満了を迎える雇用型執行役員兼務取締役について、取締
役としても執行役員としても再任しない場合、いかなる問題が生じる可
能性があるだろうか。再任拒否を巡る問題状況は、取締役と執行役員と
で大きく異なるため、以下、それぞれの地位に分けて説明する。

2　取締役の再任拒否

　会社が取締役を再任しないということは、具体的には、会社として当
該取締役の再任手続を取らないということ、すなわち、定時株主総会招
集のための取締役会において当該取締役の再任議案を上程・決議しない
ということである。

　会社は取締役を再任する法的義務を負わないから、再任拒否は可能で
ある。

3　執行役員の再任拒否

⑴　執行役員の「任期」の意味

　会社と雇用型執行役員との間の労働契約関係は、採用する執行役員制
度によって異なるが、大きく、①執行役員が従前の無期労働契約を維持
したまま執行役員に就任（昇進）する場合と、②執行役員の就任時に就業
規則に基づきいったん退職（従前の無期労働契約の終了）し、会社との間
で新たに有期労働契約を締結する場合がある。

　執行役員の「任期」は、①の場合（無期労働契約の場合）、執行役員とし
ての「職務担当期間」を意味し、②の場合（有期労働契約の場合）、「職務
担当期間」のみならず「労働契約の契約期間」を意味する（浜辺陽一郎『執

行役員制度〔第 5 版〕』（東洋経済新報社、2017）443 頁）。

(2)　「任期」が「職務担当期間」のみを意味する場合（上記①）の再任拒否

　執行役員の「任期」が「職務担当期間」のみを意味する場合、会社による再任拒否は、執行役員との間の労働契約の存続に影響しない。

　すなわち、この場合、再任拒否は執行役員という役職を解くことを意味し、かかる対応は人事権の行使として会社の裁量的判断により可能と解されている（本問は「職務遂行上の問題」を理由とする再任拒否であるから、当該問題がよほど軽微でない限り当該処遇が無効となるリスクは低い）。

　会社は、再任拒否後、当該執行役員を一般従業員として処遇することになる。なお、会社が当該執行役員との無期労働契約を終了させたい場合、労働契約を合意解約できない限り、普通解雇または懲戒解雇によらなければならない（Q45 参照）。

(3)　「任期」が「労働契約の契約期間」をも意味する場合（上記②）の再任拒否

　執行役員の「任期」が「職務担当期間」のみならず「労働契約の契約期間」をも意味する場合、会社による再任拒否は、執行役員との有期労働契約の更新拒絶（雇止め）を意味する。

　有期労働契約の雇止めは、労働契約法で規律されている。すなわち、労働者に契約更新につき合理的な期待が認められる等の場合において、労働者から更新の申込みまたは期間満了後に有期労働契約の締結の申込みがあると、雇止めに客観的に合理的で社会通念上相当な理由が必要とされ、その理由がないときは、従前の有期労働契約が更新されたものと扱われる（労契法 19 条）。

　したがって、会社が執行役員を再任しない場合、㋐執行役員に契約更新につき合理的な期待が認められると、㋑再任拒否に客観的に合理的で社会通念上相当な理由が求められることになる。

　上記㋐が認められるか否かは、一般的に、当該雇用の臨時性・常用性、更新の回数、雇用の通算期間、契約期間管理の状況、雇用継続の期待を

もたせる使用者の言動の有無等を総合考慮して、個々の事案ごとに判断される。裁判例は、これらの要素を考慮して合理的期待の有無を判断しているが、その過程を考察すると、有期労働契約とした当事者の意思との関係で労働者の雇用継続に対する期待をどこまで保護するか、換言すると、有期労働契約とした目的の合理性の有無・程度と、労働者の雇用継続に対する期待の有無・程度の相関関係の中で、雇用継続に対する合理的期待の有無を判断する傾向にあると解されている（佐々木宗啓ほか編著『類型別労働関係訴訟の実務』（青林書院、2017）285 頁）。

　執行役員就任に伴って有期労働契約を締結する目的や、執行役員の契約更新に対する期待を巡る事情は、執行役員制度の内容や事案によって異なるが、執行役員が一般従業員たる地位を辞して就任する地位である以上、執行役員規程の再任年限等の定め（**Q44** 参照）が適用可能な状況でもない限り、少なくとも一般従業員の定年までの契約更新への期待が存在することは、多くの場合、否定し難いのではなかろうか。すなわち、執行役員を再任拒否する場合、その理由（上記④）が問われると理解するのが無難であろう。

　上記④は、いわゆる正社員に対する普通解雇と同程度に厳しく判断されるものと解されている（佐々木ほか・前掲 291 頁参照）。

　本問において、会社は、「職務遂行上の問題」を理由とする雇止めが上記④を満たすか否かを検討することになる。そして、検討の結果、上記④を満たすと判断した場合、会社は再任拒否に踏み切ることになるだろうし、そうでない場合、会社は労働契約終了の合意に向けて雇用型執行役員兼務取締役と協議し、解決を図るのが通常の対応となろう。

Q47　当社の雇用型執行役員兼務取締役に職務遂行上の問題が発覚しました。具体的な処分を検討していた矢先、当人から辞表が提出されました。辞職を認めなければならないのでしょうか。

1　問題状況

　雇用型執行役員兼務取締役と会社との間には、取締役に関する委任契約関係と雇用型執行役員に関する労働契約関係という 2 種類の契約関係が併存する。

　このうち、委任契約関係については各当事者が特別の理由なく契約を解除できる（民法 651 条 1 項）から、雇用型執行役員兼務取締役による委任契約の一方的な解消、すなわち取締役の辞任はいつでも可能である。

　同様に、雇用型執行役員兼務取締役による労働契約の一方的な解消、すなわち雇用型執行役員の辞職も、いつでも可能であろうか。

　これは、設問のように、雇用型執行役員兼務取締役の不祥事が疑われ、会社として然るべき処分を下し、その結果を社内外に公表するべく検討中に、対象者が先回りして辞職しようとした際の対応の場面で問題となる。特に、雇用型執行役員が退職金規程の適用対象者となる場合で、懲戒解雇に相当する不祥事が疑われるため、同規程の不支給減額規定（会社にとって望ましくない事由がある場合に退職金を不支給・減額する旨の規定）が適用可能なケースでは、問題となる。

　そこで、労働者の辞職に関する法的規制の状況について、以下、有期労働契約と無期労働契約に場合を分けて説明する。

2　有期労働契約の場合

　有期労働契約の場合、契約期間中の辞職は、「やむを得ない事由」があるときに限って可能である（民法 628 条）。

　有期労働契約においては、契約当事者双方が契約期間の定めに拘束されるから、「やむを得ない事由」とは、そうした拘束を貫徹させるのが酷であり、期間満了を待たずに契約を終了させざるを得ないような場合を意味する。具体的には、労働者の生命・身体等に対して差し迫った危険

が発生した場合等、限られた場合がこれにあたる（山本豊編『新注釈民法
（14）債権（7）』（有斐閣、2018）104〜105頁〔山川隆一〕）。

　したがって、設問において、雇用型執行役員兼務取締役から辞表が提
出されたとしても、「やむを得ない事由」にあたる事情が存在しなければ、
辞職の法的効力は発生しない。

　なお、上記のとおり、辞職の法的効力は極めて限られた場合にのみ発
生するが、辞表が提出された際の会社の対応次第では、労働契約の合意
解約が成立したと評価されるリスクがあることに注意が必要である。す
なわち、雇用型執行役員兼務取締役による辞表の提出先は代表取締役と
なる場合が多いと思われるが、代表取締役が辞表を漫然と受領すると、
その事実をもって会社が合意解約の申込みを承諾した（合意解約が成立
した）と評価されるリスクがある。このため、「辞表は保留にする」「とり
あえず預かっておく」等、会社としては、辞表の提出によって労働契約
が終了したと認めることはできない旨を記載した書面・メール等を辞表
提出者に交付・送信等しておくのが無難である。

3　無期労働契約の場合

　これに対し、無期労働契約の場合（「執行役員」という職位にある無期フ
ルタイム労働者の場合）、2週間の予告期間を置く必要はあるが（民法627
条1項）、特別の理由なく辞職することができる。

　したがって、設問において、雇用型執行役員兼務取締役から辞表が提
出された場合、会社としては、懲戒処分を行いたいがために辞職を認め
ないという対応はできず、辞職を認めざるを得ない。

　ただし、辞職を認めることと退職金を支払うことはイコールではなく、
雇用型執行役員が退職金規程の適用対象者となる場合であっても、規程
上、在職中の行為に懲戒解雇に相当する事由がある者等に関し退職金の
不支給・減額規定がある場合は、その適否について検討し、対応するこ
とは問題ない。

第3章　法令上兼務が禁止される場合

> Q48　従業員と役員（取締役・監査役）の兼務が法令上禁止されるのはど
> のような場合でしょうか。

　従業員兼務役員は無制限に認められるわけではなく、一定の場合には
兼務が禁止されている。

1　指名委員会等設置会社の取締役

　指名委員会等設置会社の取締役は、当該会社の支配人その他の従業員
を兼ねることができないと定められている（会社法331条4項）。指名委
員会等設置会社は、業務執行とその監督を分離することを特徴とするガ
バナンス形態であり、取締役は、法令に別段の定めがある場合を除いて
は会社の業務を執行することができず（同法415条）、取締役会の構成員
として執行役等の業務執行を監督することがその職務であるところ（同
法416条1項2号）、従業員を兼務して業務執行に従事してしまうと、執
行役を監督する職務と矛盾するというのが主な理由である。
　したがって、指名委員会等設置会社においては、従業員兼務取締役と
いう存在は認められないこととなる。

2　監査等委員会設置会社の監査等委員である取締役

　監査等委員会設置会社における監査等委員である取締役は、当該会社
もしくはその子会社の業務執行取締役・従業員または当該子会社の会計
参与・執行役を兼ねることができない（会社法331条3項）。監査等委員
である取締役は監査等委員会へ出席し、取締役の職務執行を監査するこ
とが職務であることから（同法399条の2第3項1号）、従業員との兼務が
禁止されている。

3　社外取締役

　社外取締役は、①現在、その会社または子会社の業務執行取締役・執行役・従業員でなく、かつ、その就任前 10 年間その会社またはその子会社の業務執行取締役・執行役・従業員であったことがないこと、②その就任前 10 年内のいずれかの時にその会社または子会社の取締役・会計参与・監査役であったことがある者については、当該職への就任の前 10 年間その会社又は子会社の業務執行取締役・執行役・従業員であったことがないこと、③その会社の自然人である親会社等または親会社等の取締役・執行役・従業員でないこと、④その会社の姉妹法人の業務執行取締役・執行役・従業員でないこと、⑤その会社の取締役・執行役・重要な従業員または自然人である親会社等の配偶者または二親等以内の親族でないこと、のすべての要件を満たすことが必要である（会社法 2 条 1 項 15 号）。

　そのため、上記①の要件により、従業員兼務取締役は当該会社の社外取締役になることはできない。

4　監査役設置会社の監査役

　以上のとおり、取締役については、一定の場合を除き兼務が許されているが、監査役は、会社の取締役・従業員または子会社の取締役・執行役・従業員を兼ねることができないとされている（会社法 335 条 2 項）。監査する者と監査される者とが同一であっては、監査の実があがらないからである。

　兼務の禁止にふれる者が監査役に選任された場合には、従前の地位を辞任して監査役に就任したとみなされ、同人が事実上従前の地位を継続したとしても、監査役の任務懈怠となるに過ぎないとされている（最判平成元・9・19 判時 1354 号 149 頁）。

　なお、監査役の兼務に関する規制については、Q66 も参照されたい。

5　税務上の取扱い

　会社法上の兼務に関する規制に加え、以下のとおり、税法上の定めも考慮する必要がある。

　すなわち、税法上、役員に対する給与の損金不算入に関する規定において、「使用人としての職務を有する役員とは、役員（社長、理事長その他政令で定めるものを除く）のうち、部長、課長その他法人の使用人としての職制上の地位を有し、かつ、常時使用人としての職務に従事するものをいう。」とされている（法人税法34条6項）。

　そして、上記の従業員兼務から除外される役員について、法人税法施行令71条において、以下のような者が列挙されている。

- 代表取締役、代表執行役、代理理事および清算人
- 副社長、専務、常務その他これらに準ずる職制上の地位を有する役員
- 取締役（指名委員会等設置会社の取締役および監査等委員である取締役に限る）、会計参与、監査役および監事

　したがって、法人税法との関係においては、代表取締役や副社長、専務、常務といったいわゆる役付取締役については、従業員との兼務が認められず、仮に従業員分の給与を支払ったとしても、それについて損金算入できないこととなる。また、指名委員会等設置会社の取締役や監査等委員である取締役については、1および2で述べたところであるが、法人税法との関係においても従業員との兼務は認められない。

第Ⅱ部
企業集団内の兼務

第1章　総　　論

> Q49　親会社の役員・従業員が子会社の役員を兼務することについて、法令上どのような制限があるのでしょうか。

1　親子会社間の役員兼務の可否

　会社の規模の大小に関わらず、親会社の役員や従業員が子会社の役員を兼務するケースは一般に多くみられるところである。もっとも、常に親子会社間の兼務が認められるわけではなく、兼務すること自体にも法令上の制限が存在するため、以下場合を分けて説明する。

(1)　子会社の役員を兼務することの可否（一般）

①　親会社の取締役や従業員

　まず、親会社の取締役（指名委員会等設置会社における監査委員や監査等委員会設置会社における監査等委員である取締役を除く）や従業員（使用人）が子会社の取締役または監査役を兼務することは可能である。

②　親会社の監査役・監査委員・監査等委員

　これに対して、親会社の監査役が、子会社の取締役や執行役等を兼務することはできない（会社法335条2項＝兼任禁止規定）。監査する者と監査される者が同一であっては監査の実があがらないからである。なお、子会社の監査役を兼務することは可能である。

　同様の理由で、指名委員会等設置会社における監査委員や監査等委員会設置会社における監査等委員も、子会社の業務執行取締役や執行役等を兼務することはできない（会社法400条4項、331条3項）。

(2)　子会社の社外役員に就任することの可否

　では、子会社の取締役または監査役の兼務が可能な場合に、一歩進んで子会社の社外取締役または社外監査役に就任することはできるであろ

うか。

　この点、かつては社外取締役・社外監査役の資格要件に親会社の役員・従業員であることは関係なかったため、親会社の役員や従業員でも子会社の社外役員となることが可能であり、親子上場の会社間でも子会社の社外役員となる兼務の例が散見された。

　しかし、社外取締役や社外監査役には会社の業務執行者から独立した立場での監督機能が期待されるところ、親会社の関係者では実効的な監督は期待できないとの指摘が従来からあったため、平成26年会社法改正において、要件が厳格化され、親会社の関係者は社外取締役および社外監査役となることができなくなった（同法2条15号ハ～ホ）。

　したがって、現行法では、親会社の役員や従業員は、子会社の社外取締役または社外監査役に就任することはできない。

2　兼務した場合の注意点

　子会社の役員を兼務することが認められる場合でも、その職務執行にあたっては法令上注意すべき点が存在する。

(1)　利益相反取引・競業取引

　親会社（A社）と子会社（B社）の双方で取締役となっている者（X）がいる場合、親子会社間での取引においてXがA社（またはB社）を代表する場合（代表取締役である場合が典型）には、会社法上の利益相反取引として、相手方会社における取締役会の承認や報告等が必要となる（会社法365条1項）。

　また、A社（またはB社）がもう一方の会社と競業する取引を行う場合も、XがA社（またはB社）を代表して取引を行う場合には、会社法上の競業取引として、同じようにもう一方の会社における承認や報告等が必要となる。

　これらの規制は100％親子会社間では適用されないと解されているが、そうでない子会社の取締役を兼務する場合には会社法の規定に違反しないよう注意する必要がある。

(2)　親会社に対する情報開示

　子会社の役員を兼務する場合、当該役員は親会社に対して子会社の情報を開示することが事実上求められるであろうが、当該役員は子会社に対しても善管注意義務の一内容として守秘義務を負う以上、無制限に認められるとは限らない。詳細は Q56 を参照されたい。

> Q50　持株会社と事業子会社の間で役員を兼務する場合、特に注意すべき点はありますか。

1　持株会社体制の意義

(1)　持株会社の法律上の位置付け

持株会社は、法律上は専ら独禁法との関係で問題とされてきた概念であり、法律上の定義は「会社の総資産に対する子会社株式の取得価額合計の割合が 50％を超える会社」とされている（独禁法 9 条 4 項 1 号）。

一方、世間一般では持株会社を指すものとして「ホールディングス」といった名称が広く用いられている。これらのすべてが上記の独禁法上の定義を充たすかは不明であり、単に「他の会社の株式を所有することにより、当該会社の事業活動を支配・管理すること」を事業目的とする会社のことを持株会社と呼んでいる例が多い。

(2)　持株会社体制を採用する目的

持株会社であるか否かにより会社法の適用上特段の違いは生じないため、持株会社体制を採用するか否かは専ら経営上の判断に委ねられるところ、持株会社体制を採用する目的としては、「経営（戦略）と執行（事業）の分離」「組織の効率的運営」「事業構造改革の促進」「（事業子会社単位での）経営責任の明確化」などが挙げられることが多い。

また、持株会社は①専ら他社株式の所有とその事業活動の支配を目的とする「純粋持株会社」と②自らも主たる事業を行う「事業持株会社」に分類されるが、純粋持株会社のケースでは、企業集団単位での「経営（戦略）と執行（事業）の分離」がより徹底されることとなる。

2　持株会社と事業子会社間での役員兼務

では、持株会社と事業子会社の間で役員を兼務する場合に注意すべき点は何であろうか。

(1)　役員兼務の意義と注意点

　持株会社体制の大きな目的の１つが「組織の効率的運営」であること
からすれば、持株会社と事業子会社の一体性・連続性を高めるために、
双方の役員・従業員を兼務することが有用であることは当然である。

　もっとも、持株会社の役員は企業集団全体の利益を求めるべき立場に
あるのに対し、事業子会社の役員は当該子会社の利益の最大化を追求す
るべきであるところ、両者が常に一致するとは限らない。特に双方が完
全親子会社の関係にない場合においては、子会社の少数株主の利益保護
の観点も踏まえ、企業集団全体の利益を優先した判断が事業子会社役員
としての善管注意義務に違反しないか、慎重に検討する必要がある。

(2)　純粋持株会社と事業子会社でのモニタリング・モデル

　前記のように、純粋持株会社では企業集団単位での「経営（戦略）と執
行（事業）の分離」が徹底されるが、事業子会社の機関設計においてもモ
ニタリング・モデル（会社単位での監督と執行の分離）としての監査等委
員会設置会社などが選択されている場合、持株会社の取締役が事業子会
社の取締役を兼務する意義はあるであろうか。

　そもそも純粋持株会社の取締役は、企業集団全体の利益を図るべく事
業子会社の経営に対する「指導」と「監督」の双方が求められるが、も
し事業子会社においてもモニタリング・モデルが採用されていた場合、
（まず事業子会社内で直接的な監督がなされるという意味で）持株会社によ
る指導・監督は、事業子会社の業務執行者には間接的な範囲にとどまり、
その効力は弱いものとなりがちである。その弱体化した指導・監督を補
うために兼務をするのであれば、そもそも事業子会社で監督と執行を分
離しなければよいのであって、効率的な事業運営とは言いがたいと思わ
れる。

　また、監査等委員などの監督的立場の役員を兼務し、事業子会社にお
いて執行を担当しないのであれば、事業子会社に対する直接的な「指導」
はし難い上、「監督」についても持株会社による監督と重複するため、そ
もそも純粋持株会社体制を採用した意義すら薄れかねないだけでなく、
企業集団全体として見た場合、監査機能を担う子会社の監査等委員と執

行部門に属する親会社取締役の地位を兼ねることとなり、監査部門と被
監査部門の関係が錯綜することにもなる。

　さらに、双方が完全親子会社の関係にない場合、事業子会社の監査等
委員などは少数株主の利益を考慮しつつ監督すべき立場にあるから、持
株会社の利益と衝突する可能性も高い。

　したがって、以上のような役員兼務をする場合には、持株会社体制の
目的に資するかを慎重に検討すべきである。

第2章　子会社取締役の兼務

第1節　親会社取締役による兼務

> Q51　親会社取締役に子会社取締役を兼務させる場合、どのような手続
> が必要になりますか。

1　選任手続

　親会社の取締役が子会社の取締役を兼務する例は、実務上よくみられ
るところである。選任手続としては、通常の役員選任と同様、子会社の
株主総会において選任決議を行うことになる。なお、親会社の取締役と
子会社の社外取締役の兼務、および、子会社の業務執行取締役と親会社
の社外取締役の兼務はいずれも不可とされていることに注意が必要であ
る（会社法2条15号イ〜ハ。Q49 参照）。

　なお、親会社が上場している場合、子会社の役員の異動については適
時開示の義務はないものの、重要な子会社に関する異動については、親
会社において、異動の内定時に任意に開示を行う例も多い（会社法上の開
示、有価証券報告書等における開示を含め、Q5 参照）。

　また、子会社において取締役報酬を支給するか、支給する場合に親子
会社間でいかなる調整を行うかといった点の検討が必要になるが、この
点については Q55 を参照されたい。

　なお、子会社が完全子会社でない場合、支配株主である親会社と一般
株主（親会社以外の株主）の間には、グループ全体の事業ポートフォリオ
の最適化と、子会社それ自体の部分最適という緊張関係が潜在的に存在
し、親会社役員としての善管注意義務と子会社役員としての善管注意義
務が抵触することもあり得る。子会社が上場している場合において、親
会社から候補者を受け入れる際は尚更である。そのため、子会社が独立
した立場で適格性を判断できるよう、親会社からの独立性が担保された

子会社の指名委員会において審査するなどの措置を講ずることが望ましいものとされている（経済産業省「グループ・ガバナンス・システムに関する実務指針」135 頁）。

2　競業取引・利益相反取引の承認手続

(1)　競業取引

　親会社と子会社が同種の事業を営んでいる場合、双方の取締役を兼務し、そのうちいずれか（または双方）で代表取締役の地位にある者については、取締役としての競業避止義務が問題となる場合がある。完全親子会社間の兼務の場合は、利害対立のおそれがないため、競業取引の承認手続は不要とされているが、完全親会社・完全子会社の関係ではない場合には、子会社の少数株主との利害対立があり得ることから、承認手続が必要となる場合がある。

　具体的には、親会社の取締役が子会社の代表取締役を兼務する場合は親会社の取締役会、親会社の代表取締役が子会社の取締役を兼務する場合は子会社の取締役会において、競業取引に関する重要な事実を開示した上で承認決議を得る必要がある（会社法 365 条 1 項、356 条 1 項 1 号）。当該決議に関しては、競業取引を行う取締役自身は特別利害関係人に該当し、議決権を有しない。

　競業取引を行った取締役は、取引後、遅滞なく重要な事実を取締役会に報告する必要がある（会社法 365 条 2 項）。ただし、承認を得た場合も、競業取引の結果会社に損害が生じれば、競業取引に関し任務懈怠のある取締役に責任が生じる余地は残る。

(2)　利益相反取引

　親子会社間で取引がある場合には、完全親子会社の関係でない限り、基本的には利益相反取引の承認手続を要する。

　具体的には、親会社の取締役が子会社の代表取締役に就任する場合は親会社の取締役会、親会社の代表取締役が子会社の取締役に就任する場合は子会社の取締役会において、利益相反取引に関する重要な事実を開示した上で承認決議を得る必要がある（会社法 365 条 1 項、356 条 1 項 2

号）。当該決議に関しては、利益相反取引を行う取締役自身は特別利害関係人に該当し、議決権を有しない。

　利益相反取引を行った取締役は、取引後、遅滞なく重要な事実を取締役会に報告する必要がある（会社法 365 条 2 項）。承認を得た利益相反取引は有効になるが、承認を得た場合も会社に損害が生じれば、利益相反取引に関し任務懈怠のある取締役に責任が生じる余地は残る（同法 423 条 3 項参照）。

　なお、上場子会社の場合、親会社と一般（少数）株主との間での利益相反の可能性について注目が集まっていることを踏まえ、重要な利益相反取引については、独立社外取締役（独立社外監査役）を中心とした委員会で審議・検討を行う仕組みの導入も検討すべきものとされている（経済産業省「グループ・ガバナンス・システムに関する実務指針」131 頁）。

⑶　承認・報告のタイミング

　競業取引・利益相反取引のいずれについても、反復継続して取引を行うことが想定される場合、個別の取引ごとではなく、包括的な承認を就任時およびその後は事業年度ごと等の一定の期間ごとに行い、取引実行後の報告についても一定の期間ごとにまとめて行うなどする例が多い。

3　兄弟会社間で兼務している場合

　同一の完全親会社を有する兄弟会社の取締役を兼務している場合には、兄弟会社間で形式上競業取引や利益相反取引が発生する場合であっても、実質的に利害対立のおそれがないため、承認手続は不要と考えられる。

　他方、親会社以外の少数株主が存在する場合には、上記と同様に、競業取引・利益相反取引の承認手続が必要となる。

> Q52　親会社の取締役が子会社の取締役を兼務する場合、親会社・子会
> 社それぞれとの関係で、どのような権限を有し、義務を負うことになるの
> でしょうか。また、親会社と子会社の間で利益の対立がある場合、兼務役
> 員はいずれの利益を優先すべきでしょうか。

1　前提（取締役としての権限・義務）

　取締役は、会社との委任契約に基づき、取締役会の構成員として会社
の業務執行についての意思決定を行うとともに、取締役の職務執行を監
督する権限等を有する（会社法 362 条 2 項）一方、会社に対し、善管注意
義務・忠実義務を負い（同法 330 条、民法 644 条、会社法 355 条）、競業取
引や利益相反取引に関する規制を受ける（同法 356 条）。上記規制に違反
して会社に損害を与えた場合、取締役は会社に対して損害賠償義務を負
う（同法 423 条、429 条）。また、兼務の有無に関わりなく、親会社の取締
役は子会社の監督責任を負うことにも注意が必要である（Q53 参照）。

2　両者の義務の関係

　親会社取締役と子会社取締役を兼務する者（役員兼務者）は、親会社・
子会社双方に対してこれらの権限を有し、義務を負う。

　完全親子会社間での兼務の場合には、親会社・子会社間での利害対立
のおそれはなく、それぞれの会社の取締役としての義務が衝突する局面
は通常想定しにくい。しかし、完全親子会社ではなく、子会社に少数株
主が存在する場合（その他、現在は完全子会社であっても、株式譲渡や M ＆
A により、現在の完全親会社とは別の株主が出現するに至った場合に、過去の
行為について責任が問われる場合もありうる）、親会社の利益と子会社の利
益が相反し、親会社に対する義務と子会社に対する義務とが抵触する場
合がありうる。その場合、子会社の取締役としては、大株主（親会社）の
みならず、少数株主の利益にも配慮しなければならず、これを怠ると、
子会社取締役としての任務懈怠（善管注意義務・忠実義務違反）の問題が
生じうる。子会社の大株主（親会社）の利益を優先し、子会社の財務状態
を悪化させるなどした結果、子会社の債権者を害することとなった場合、

子会社の債権者から責任追及されるおそれもある（会社法 429 条 1 項）。

　結局、親会社取締役の立場から見ても、子会社取締役としての善管注意義務・忠実義務に違反してまで親会社の利益を図る義務はないし、むしろ適切でないというほかないが、実務上、両者のバランスをどのように保つかは、役員兼務者にとって非常に悩ましい問題である。

3　具体例

(1)　親会社・子会社間での取引

　親子会社間の取引があり、当該取引条件が独立当事者間の同種の取引と乖離する場合、不利な条件で取引をした会社に損害が生じ、当該会社の取締役の任務懈怠責任が問題となりうる（この「取引」には、物やサービスの売買・提供等だけでなく、融資等も含まれる）。当該取引が役員兼務者にとって競業取引・利益相反取引に該当する場合には、取締役会における承認（会社法 365 条 1 項、356 条）を得て行うことになるが、そのことをもって任務懈怠の責任を免れるものではないことに注意が必要である。

　親子会社間の取引において子会社に対する不利益を生じさせた役員兼務者の責任については、親会社の利益のために子会社の利益が害されたことが明らかな事案では、そもそも経営判断の原則に言及することなく、子会社取締役としての責任を肯定した裁判例もある（名古屋高判平成 25・3・28 金判 1418 号 38 頁）。

　なお、実務上、親子会社間の利害対立が顕著な局面として、M＆Aに関する一連のプロセスから役員兼務者を排除することも行われている。たとえば、（主として子会社が上場している場合が想定されるが）親子会社間で公開買付け、株式交換、合併等のM＆A取引をする場合、対価の相当性（公開買付価格や合併・株式交換比率等において、親会社（株主）に有利で子会社（株主）に不利ではないか）が問題となる。このような場面では、子会社の少数株主保護の見地から、手続の公正性を担保するため、独立した第三者機関による対象事業の評価を踏まえた交渉を経て対価を定めることになるが、その際、交渉過程のみならず、取締役会における審議・議決の際も、役員兼務者を（親会社・子会社のいずれにおいても代表取締役でない場合であっても）特別利害関係人に準じて取り扱って参加させず、

影響力を排除することが少なくない（いわゆる独立した特別委員会の設置をはじめとする公正担保措置。経済産業省「公正な M & A の在り方に関する指針」18 頁以下）。

(2)　親会社・子会社間での情報のやりとり

取締役は善管注意義務、忠実義務の一環として秘密保持義務を負う。ノウハウや知的財産、営業秘密に限らず、取締役として知り得た機密情報一般が対象となる。

親会社取締役と子会社取締役を兼務する者が、特に子会社の機密情報を受領し、それを親会社に対して開示することは、守秘義務違反になりうることに注意が必要である。なお、前述のような M & A 手続が行われている局面では、手続の公正性や対価の相当性に影響が生じるおそれがあるので、特に慎重な配慮が必要である。

親子会社で役員を兼務している場合の情報の取扱いに関する留意点については、Q56 を参照されたい。

> Q53　子会社で不祥事が起きた場合に、子会社の役員を兼務している親
> 会社取締役は、他の親会社取締役と比較して責任が重くなるのでしょう
> か。

1　親会社取締役の子会社管理責任

　親会社といえども子会社とは別法人である以上、子会社における不祥
事の発生が親会社の役員の責任に直結するものではない。

　しかし、会社法は、大会社である取締役会設置会社について、取締役
会は子会社を含む企業集団における業務の適正を確保するために必要な
体制を整備すべきものと定めている（同法362条4項6号、会施規100条1
項5号）。

　さらに、親会社の保有する子会社株式は親会社の資産であり、親会社
の取締役は、善管注意義務・忠実義務の一内容として親会社の資産をそ
の保有目的に適うように管理する義務があるとして、親会社取締役の子
会社管理責任を肯定するのが一般的な理解である。東証一部・二部上場
企業を対象としたアンケートでは、会社法上の「子会社」に限らず、持
株比率のより低い会社も管理の対象としている企業が多い（舩津浩司「グ
ループ会社管理に関する理論的検討—アンケート調査および分析結果をみ
て—」商事法務2167号（2018）6頁）。

　取締役は、子会社の規模、重要性、監査に要する費用や子会社の独立
性の尊重をはじめとする諸事情を勘案して、子会社をどのように監督す
るか決定する。取締役には広い裁量が認められ、その判断には経営判断
の原則が妥当すると考えられている。

2　管理義務の具体的内容

(1)　いわゆる平時について

　不祥事の存在を疑わせるような事実がない、いわゆる平時を想定した
管理体制は、子会社を含めて整備済みの企業も多い。リスク・マネジメ
ントや法令等遵守体制を含む子会社管理体制が整備されていれば、平時
の際にはいわゆる信頼の原則が働き、子会社の取締役・使用人の業務の

内容に疑念を差し挟むべき特段の事情がない限り、その報告内容を信頼し、これに依拠して管理を行うことが許される。

(2)　不祥事の兆候を認識した場合

　しかし、親会社取締役がひとたび不祥事の兆候（不祥事発覚の端緒となり得る事実）を認識した場合には、問題に関する調査等を行い、その結果、不祥事が発見された場合は更なる調査を行い、これを収束させ、再発防止策を策定するなどの適切な対応が求められる。

　このように、子会社担当取締役の管理義務の水準は、不祥事の兆候等の認識の有無によって大きく異なり得るが、そのことをもって「不祥事の情報はむしろ耳に入らないほうがよい」などと考えるのは大きな誤りである。不祥事の情報を吸い上げることができるような体制を構築していなかったこと自体、体制整備に不備があったと評価されるおそれがあるからである。すなわち、親会社取締役の責務である「業務の適正を確保するために必要な体制の整備」とは、まさにそうした不祥事の兆候等を適切に探知できる仕組みを整備することを意味するものである。もっとも、そうした仕組みの在り方に絶対的な正解があるわけではなく、「ここまでの体制を設けていれば取締役としての責任を果たしたことになる」という客観的な基準は存在しないため、親会社取締役としては、常に子会社管理体制についても PDCA サイクルを回しつつ体制の運用と改善に力を注がなければならない。

3　子会社取締役兼務者の特殊性

　親会社の取締役が子会社の取締役を兼務する場合、他の親会社取締役に比して子会社管理責任が加重されうる。その理由として、子会社情報へのアクセスが容易であり、結果として不祥事の兆候に触れる可能生が他の取締役と比べて高いことが挙げられる。

　すなわち、兼務取締役が、子会社の業務執行に関与する場合、報告や決裁に際して具体的な損害発生のおそれのある情報（すなわち、不祥事の兆候）に接する機会が増す。子会社ひいては親会社の企業価値を毀損しうるおそれを把握しながら、適切な監視・監督義務を果たさなければ、

結果として親会社取締役としての任務懈怠が認められる可能性が高まる。

　他方、兼務取締役が、子会社の業務執行に関与しない場合、具体的な損害発生のおそれのある情報に接する機会が増えるとは限らない。しかし、子会社取締役としての職務執行上、不正を認識したり、疑うべき状況が生じた場合には、子会社管理責任に関して求められる行為の水準が上がり（福岡高判平成24・4・13金判1399号24頁）、同様に親会社取締役としての任務懈怠が認められる可能性が高まることになる。

4　期待される管理水準

　子会社取締役を兼務する親会社取締役の子会社管理責任の義務内容やその水準の検討にあたっては、グループ全体としての子会社管理の方針に基づき、親会社から派遣された子会社取締役としてどのように子会社を管理することが期待されているのかも重要な考慮要素になる。

　たとえば、親会社において営業を担当する取締役が販売子会社の取締役に就任するような場面においては、通常、グループ全体の営業部門の管理責任の一貫として、子会社の管理監督についてある程度高い水準のものが要請されると考えられる。

　どのような位置付けの子会社を、どのように管理することが求められるのか、兼務に先だって検討・整理し、会社と兼務者との間で認識を共有しておくことが重要である。ただし、こうした内部の取り決めについては、株主や第三者に対する責任との関係でどのように扱われるか明確でない。いずれにせよ、子会社取締役としてひとたび不祥事の兆候等を認識した場合には、兼務の趣旨・目的を問わず、調査・対応の責任を免れないものと考えるべきであろう。

> Q54　子会社取締役を兼務する取締役が業務執行取締役に該当するかどうかは、どのように判断すべきでしょうか。

1　前提（業務執行）

　取締役会設置会社において、業務執行取締役とは、代表取締役、取締役会の決議によって選定されたいわゆる業務担当取締役（会社法 363 条 1 項）、および、代表取締役等から一部の行為を委任される等により会社の業務を執行した取締役（同法 2 条 15 号イかっこ書）を意味する（**Q2** 参照）。

　業務執行取締役の概念は、社外取締役の定義（会社法 2 条 15 号）において、「業務執行取締役でないこと」と規定されていることからもわかるとおり、監督機能を担う社外役員につき、被監督者である業務執行者からの分離独立を確保することに趣旨がある。すなわち、業務執行性は、業務執行者の指揮命令系統に属して行われる行為の有無によって判断される。

　業務執行取締役か否かは、端的には責任限定契約（会社法 427 条）の締結の可否に関わる。親会社取締役と子会社取締役を兼務する者については、親会社における業務執行性と、子会社における業務執行性を分けて考える必要がある。

2　親会社における業務執行該当性

　通常、子会社における業務執行は、実質的には親会社の業務執行に含まれる。たとえば、子会社の代表取締役または業務担当取締役に選定され、あるいは子会社の従業員兼務取締役として子会社の業務執行にあたる親会社取締役は、親会社の指揮命令系統のもと、親会社の業務執行の一環として子会社取締役を兼務していると考えられるため、親会社において業務執行取締役に該当する。また、子会社の管理も親会社の業務の一部であることから、子会社において業務執行取締役に該当しない場合でも、親会社において当該子会社の管理を管掌・担当していれば、やはり親会社の指揮命令系統に属して子会社管理業務にあたっていると評価され、業務執行性が肯定される方向に考えられる。

3　子会社における業務執行該当性

　子会社の代表取締役や業務担当取締役に選定されている場合、当然、子会社の業務執行取締役に該当する。また、子会社において部長職を兼務するなど、従業員兼務取締役の地位にある場合も、子会社の業務執行取締役に該当する。それ以外の子会社取締役である場合には、子会社の業務執行に事実上関与するかどうかが問題となる。

　たとえば、取締役会への出席や発言・助言といった、取締役として当然行うべき職務に留まり、業務執行に関与しない非常勤取締役であれば、親会社との関係では業務執行であっても、子会社との関係では非業務執行と考える余地が残る。こうした場合（特に子会社に少数株主が存在する場合）において、子会社においては業務執行取締役ではないという理由で、派遣された親会社の業務執行取締役が子会社との間で責任限定契約を締結することを望むことがある。法的には可能だとしても、社外取締役でもなく、子会社の経営に重大な影響力を有する親会社から派遣された立場であるにもかかわらず、他の業務執行取締役とは異なり責任を限定される立場にあることが、果たして十分に監視監督機能を果たしていると評価されるのか、疑問の余地があるように思われる。責任限定契約の締結状況については、事業報告において開示が義務付けられていることから、株主等からの反発を受ける可能性は残る。

Q55　子会社取締役を兼務している親会社取締役に対して子会社取締役
としての報酬を支給しようとする場合、どのような方法により支給すべ
きでしょうか。

1　子会社取締役としての報酬の支給方法

　子会社取締役を兼務している親会社取締役に対し、子会社取締役とし
ての報酬を支給する方法としては、①子会社が直接支給する方法と、②
親会社取締役としての報酬に含めて、親会社が支給する方法の 2 つが考
えられる。

2　子会社からの支給に伴うお手盛りの危険

　Q13 において述べたように、会社法は、取締役の報酬の決定に株主総
会の決議（または定款の定め）を必要としている（会社法 361 条）。これは、
いわゆる「お手盛り」を防止するためであるが、仮に上記①の方法で支
給しようとする場合、（定款に定めがなければ）子会社の株主総会の決議
が必要となるため、「お手盛り」の危険は特にないようにも思える。

　しかしながら、子会社の株主総会には、当然、親会社の取締役会の意
向が強く反映されることとなるため、子会社取締役を兼務する親会社取
締役は、子会社の株主総会に強い影響力を有することになる。このため、
当該取締役は、その影響力を不当に行使して子会社から高額な報酬を得
ることで、親会社からの報酬を低額に抑えつつも、グループ全体から高
額な報酬を得る、ということも可能となる。これでは、実質的な「お手
盛り」を許すのに等しい。しかも、（社外役員であれば、事業報告で子会社
から受け取っている報酬等の開示が必要になるが（会施規 124 条 1 項 7 号）、
そうでない限り）原則として、子会社から報酬を受け取っている事実は親
会社株主には開示されない（子会社からの報酬を合算して 1 億円以上の報
酬を受領している親会社取締役について、有価証券報告書で報酬額の個別開
示がされるといった例外的な開示がされる程度である（開示府令第三号様式
記載上の注意（38）、同第二号様式記載上の注意（57）b））ので、開示によっ
てこうした実質的な「お手盛り」を抑制するのは難しい。

　もちろん、子会社の株主総会決議に関与した親会社取締役は、親会社
に対して善管注意義務を負うことになるので、子会社株主総会における
報酬支給決議が親会社の取締役の職務執行として著しく不当なものと評
価された場合には、親会社取締役として任務懈怠責任を問われる可能性
がある。また、完全親子会社を想定した場合、完全親会社取締役に対し、
完全子会社取締役としての報酬も支給することは、（完全親子会社間の利
害は完全に一致するため）実質的には自己取引（会社法 356 条 1 項 2 号、3
号）にあたると評価できることから、完全親会社取締役会の承認決議を
要すると解することも可能である。
　このように、①の方法であっても、「お手盛り」に対して一定の抑止力
を働かせることはできるものの、やや迂遠であり、必ずしも適切とはい
えない側面がある。

3　親会社取締役の報酬に含めて支給する方法

　他方、②の方法、すなわち、子会社取締役としての報酬を、親会社取
締役としての報酬に含めて親会社が支給する場合、（定款に定めがなけれ
ば）親会社の株主総会決議が必要となるので、「お手盛り」を防止するこ
とが可能となる。
　もっとも、通常、株主総会で決議されるのは全取締役の報酬の総額の
上限のみであり、その枠内に収まっている限り、取締役会限りで個々の
取締役の報酬を増額することも可能である。このため、②の方法をとっ
たからといって、子会社取締役としての報酬を支給する際に、必ずしも
総会決議が必要となるわけではない。それでも、親会社取締役の報酬の
額であれば、（他の取締役の報酬との合算とはなるが）事業報告で親会社株
主に開示されるため（会施規 121 条 4 号、5 号）、事後チェックという形で
はあるが、「お手盛り」防止という会社法の趣旨は担保されることとなる。
　子会社取締役を兼務する親会社取締役は、親会社による子会社管理の
一環として子会社取締役を兼務していることが一般的であると思われる
が、かかる実情に鑑みても、②の支給方法には合理性があるといえるだ
ろう。なお、新規上場審査においては、上場申請会社とその子会社の役
員を兼務する者に対して、上場申請会社に加えて子会社からも役員報酬

を支払うことは、報酬がお手盛りになることや、利益調整の余地が残ることから望ましいとはいえないとの指摘もあるところである（一般社団法人日本経営調査士協会編『これですべてがわかる IPO の実務〔第 4 版〕』（中央経済社、2019）299 頁）。

　なお、②の方法をとる場合、子会社が親会社との間で出向契約を締結し、出向料を親会社に支払っているケースも多い。この場合の出向料は、実質的には、子会社が当該取締役に対して負担する報酬と評価できるため、出向料の支払いに関して、子会社株主総会において決議された取締役の報酬額の枠内にとどまるものか確認の上、これを超過する場合には報酬枠の増額にかかる決議を経ておくことが安全である。

> Q56　親子会社の役員を兼務する者が、子会社役員としての職務執行の
> 過程で得た情報を、親会社に開示したり、親会社役員としての職務で利用
> したりすることについて、制限はあるのでしょうか。

1　役員の守秘義務

　役員は、会社に対して善管注意義務（会社法 330 条、民法 644 条）を負っ
ているが、その一内容として、職務執行の過程で知り得た機密情報を正
当な理由なく第三者に開示したり、当該会社の役員としての職務執行以
外の目的で利用したりしてはならないという守秘義務を負っている。

　では、親子会社の役員を兼務する者が、子会社役員としての職務執行
の過程で入手した子会社の機密情報を、親会社に対して開示したり、親
会社役員としての職務で利用したりする（以下、かかる行為を「親会社と
共有」と総称する）ことはできるのか。親会社であっても子会社とは別法
人であるため、かかる行為が、子会社役員が子会社に対して負っている
守秘義務に違反しないのかが問題となる（親会社従業員が子会社役員を兼
務している場合も同様の問題が生じ得るが、基本的な考え方は同じである）。

2　完全親子会社関係にある場合

　まず、その役員が完全親子会社の役員を兼務している場合、親会社と
子会社の利害は完全に一致するので、親子会社は、形式的には別法人で
あっても実質的には同一法人といっても差し支えない。よって、子会社
の機密情報は親会社の機密情報でもあると評価できるので、子会社機密
情報を親会社と共有することは、役員としての守秘義務には違反しない
ものと解される（もちろん、親会社との共有が法令や契約に違反する場合は
別論である）。

3　完全親子会社関係にない場合

(1)　原　　則

　他方、完全親子会社関係にない親子会社の役員を兼務している場合、
親子会社の利害は完全には一致せず、少数株主の利益にも配慮する必要

があるので、上記 2 のように考えることはできない。よって、親子会社
は別法人であることを踏まえ、子会社機密情報の親会社との共有は、守
秘義務に違反するおそれがあると考えるのが原則となる。

(2)　共有が許され得る情報

　しかしながら、昨今、企業集団レベルでのガバナンスが重視されてい
ることから、それに資する情報など、一定の情報については、（法令や契
約に違反しない限り）親会社との共有が許容される余地がある。許容され
る範囲については、親子会社間の契約内容、情報の性質や開示の必要性、
少数株主の属性、当該兼務役員の役職・職務等によって異なり得るため、
いくつか例を挙げて検討する。

　ア　合弁契約等で共有が許容されている情報

　子会社が、親会社とその他の企業との合弁会社である場合、すべての
株主企業が当事者となっている合弁契約で、子会社から株主企業に対し
て開示可能な情報が明確に規定されているケースがあるが、そのような
ケースにおいては、合弁契約で開示可能とされている情報は、基本的に
親会社との共有が可能となる。

　他方、親子会社間でのみ締結されている契約において開示可能な情報
が規定されている、というケースでは、別段の考慮を要する。少数株主
は契約の当事者となっていないため、当該契約で開示が許されているこ
とは、少なくとも少数株主との関係では、開示を正当化する理由とはな
らないからである。よって、親子会社間の契約で開示が許されている情
報であっても、親会社との共有にあたっては、少数株主の利益を害する
おそれがないか、慎重に検討する必要がある（親子会社間で締結された契
約において、少数株主の利益を害しかねない情報を子会社が親会社に開示す
ることになっている場合、そもそもそのような契約を締結したことについて、
子会社取締役が善管注意義務違反に問われるおそれがある）。

　イ　親子会社間での共有が一般的な情報

　親子会社関係の存在を理由として、当然に共有が予定されている情報
についても、共有が可能と解される。たとえば、親会社における連結計
算書類の作成に必要な財務情報が典型である。その他、重要性の高い経

営事項に関する情報も、子会社管理の必要性から共有が可能と解されるが、開示によって子会社の利益を害するおそれがある場合は、開示を控える（あるいは、子会社の取締役会で承認を得てから開示する）べきであろう。

　ウ　不祥事等に関する情報

　会社法362条により、大会社である取締役会設置会社は、企業集団レベルでの内部統制システム構築・運用義務を負っており、取締役は、取締役会の一員として、その義務の一翼を担っている。よって、親会社取締役は、企業集団レベルでの内部統制システムの運用状況に関わる情報について把握することが求められているといえる。そうすると、内部統制システムの不備によって子会社で不祥事等が発生した場合、親会社取締役を兼務する子会社役員は、その情報を親会社取締役の立場で内部統制システムの改善等に役立てたり、親会社の取締役会に報告したりすることは許されると解される。あるいは、子会社の不祥事等により親会社のレピュテーションに影響が生じることを考えれば、不祥事等に関する情報については、内部統制システムの1つであるリスク管理体制の一環として、親会社との共有が許されるという考え方もできる。

　また、親会社監査役は、子会社に対する業務財産調査権を有しており（会社法381条3項）、他方で、子会社監査役は、親会社監査役との間で情報交換を図るよう努めることとされている（会施規105条4項）。よって、たとえば親子会社の監査役を兼務する役員が、子会社で起きた不祥事等の情報を、親会社監査役としての職務に利用することは許容される。

(3)　共有にあたっての留意点

　例外的に親会社との共有が許されると解される情報であっても、共有にあたって留意すべき点がいくつかある。

　まず、子会社が上場している場合、共有しようとする情報がインサイダー取引規制に係る重要事実に該当しないかどうかを確認する必要がある。仮に重要事実に該当する可能性があるのであれば、親会社との共有にあたり、そのことを親会社との間で十分に確認の上、親会社における情報管理を徹底させ、間違っても親会社役職員によるインサイダー取引

が行われないようにする必要がある。

　また、共有の態様や範囲は、共有が許容される目的に照らして合理的な範囲を超えないようにする必要がある。たとえば、親子会社の取締役を兼務する役員が子会社の経営事項に関する情報を把握し、それを親会社取締役の立場で親会社の事業拡大に利用した結果、子会社の取引機会が奪われ、売上が減少したという場合、その役員は、子会社取締役としての善管注意義務違反に問われることになる。親子会社の監査役を兼務する役員についても、子会社監査役として得た不祥事等の情報について、企業集団レベルの内部統制システムの不備を指摘する目的で取締役会に報告するのはよいが、監査役監査とは無関係の従業員に対してまでみだりに言い触らすようなことは、むろん許されない。

Q57　親子会社の役員を兼務する者について、親会社役員としてのみな
らず、子会社役員としても、会社役員賠償責任保険（いわゆるＤ＆Ｏ保
険）の被保険者としたいと考えていますが、保険料の負担についてはどの
ようにすればよいでしょうか。

1　保険料の会社負担の可否

　Ｄ＆Ｏ保険は、会社役員に対して損害賠償請求がなされた場合に会社
役員が被る損害を塡補する保険であり、会社が会社役員を被保険者とし
て加入する保険である。

　かつて、Ｄ＆Ｏ保険の保険料については、基本契約部分の保険料は会
社が負担していたものの、株主代表訴訟担保特約（代表訴訟に敗訴した場
合における損害賠償金と争訟費用を塡補する特約）部分の保険料は、会社が
負担すると会社法上の報酬規制の潜脱になるのではないか等の議論が
あったことから、役員個人が負担してきた。

　しかし、経済産業省の「コーポレート・ガバナンス・システムの在り
方に関する研究会」が2015年7月24日に公表した報告書「コーポレー
ト・ガバナンスの実践〜企業価値向上に向けたインセンティブと改革〜」
の別紙3「法的論点に関する解釈指針」において、たとえば、以下の①お
よび②の手続（以下「保険料負担手続」という）を経ることにより、適法に
会社が保険料を全額負担することができるとの解釈が示された。

　①　取締役会の承認を得る

　②　社外取締役が過半数の構成員である任意の委員会の同意を得る、
　　　または社外取締役全員の同意を得る

　①は、役員が損害賠償責任等を負担する場合に、（会社が保険料を負担
している）Ｄ＆Ｏ保険によってその損害が塡補されるという利益相反類
似の関係にあることを考慮した手続である。②は、Ｄ＆Ｏ保険がインセ
ンティブとしての機能を有することや、決定手続における利益相反も踏
まえた、社外取締役による監督手続である。

　このように、現在では、保険料負担手続を経ることにより、Ｄ＆Ｏ保
険の保険料を会社が負担できるとの解釈が確立している。

2　親子会社の役員を兼務する者についての保険料の負担

　では、親子会社の役員を兼務する者について、親会社役員としてだけでなく、子会社役員としてもＤ＆Ｏ保険の被保険者とする場合、保険料はどのように取り扱えばよいのだろうか。

(1)　親会社役員部分の保険料

　まず、親会社役員部分の保険料については、親会社において保険料負担手続を経ることにより、親会社が全額負担することができる。

(2)　子会社役員部分の保険料

　子会社役員をＤ＆Ｏ保険の被保険者とする方法としては、子会社が独自にＤ＆Ｏ保険に加入する方法と、親会社が子会社役員まで一括して被保険者に含める形でＤ＆Ｏ保険に加入する方法がある。

　ア　子会社が独自にＤ＆Ｏ保険に加入する場合

　この場合は、子会社において保険料負担手続を経ることにより、子会社が子会社役員部分の保険料を全額負担することができる。

　イ　親会社が加入するＤ＆Ｏ保険の被保険者に子会社役員を含める
　　場合

　この場合、グループ全体のリスク管理という観点での経済合理性から、子会社役員部分の保険料も含めて親会社が負担するケースと、子会社役員部分の保険料は子会社が負担するケースがある。

　(ア)　子会社役員部分の保険料も含めて親会社が負担するケース

　このケースでは、親会社において保険料負担手続を経ることにより、子会社役員部分の保険料を親会社が全額負担できる。他方、子会社が保険料を負担するわけではないので、子会社においては、特段の手続は不要である。

　(イ)　子会社役員部分の保険料は子会社が負担するケース

　このケースでは、子会社が保険料を負担することになるので、親会社において保険料負担手続が必要となるだけでなく、子会社においても、保険料負担手続が必要となる。

　ただし、子会社に社外取締役が１人もいないという場合は、子会社に

おいて保険料負担手続をとることができない。そこで、代替手続として、

① 親会社において保険料負担手続を経る際に、子会社役員部分の保険料を子会社が全額負担することについても併せて承認あるいは同意の対象とする

② 子会社は、子会社役員部分の保険料を子会社が全額負担することについて、すべての株主から承認を得る

という2つの手続を経ることにより、子会社役員部分の保険料を子会社が全額負担できるとされている。この代替手続は、保険料の会社負担に伴う利益相反性等に配慮した手続としては、保険料負担手続と同等以上の手続であるといえる。なお、②は、すべての株主からの承認を求める手続なので、子会社に親会社以外の少数株主がいる場合、その少数株主を含めて承認を得ることが必要となる点は注意が必要である。

(3) 結　　語

　以上のように、親子会社役員を兼務する者について、一定の手続を経ることにより、親会社役員としてのみならず子会社役員としてもＤ＆Ｏ保険の被保険者としつつ、保険料を親会社あるいは子会社が全額負担するということが可能となる。

3　会社法の改正について

　本稿執筆中の2019年11月現在、会社法の改正作業が進んでいるが、同年10月に閣議決定され、国会に提出された会社法改正案では、Ｄ＆Ｏ保険の内容の決定には取締役会（取締役会非設置会社については株主総会）の決議を要する（取締役や執行役への委任は不可）ものとされている（改正案430条の3第1項）。さらに、会社法改正案の基礎となった「会社法制（企業統治等関係）の見直しに関する要綱案」では、会社法2条5号に定める公開会社（定款上、譲渡制限の付されていない種類の株式を一部でも発行できるとされている会社）については、Ｄ＆Ｏ保険の被保険者や、契約内容の概要を事業報告で開示することとされている（第1の3）。その一方で、社外取締役が過半数の構成員である任意の委員会の同意や、社外取締役全員の同意までは必要とされていない。

　仮に上記のとおりの改正が実現した場合、親子会社の役員を兼務する役員を被保険者とする D ＆ O 保険の加入の手続は、以下のようになると解される（D ＆ O 保険に加入する会社が公開会社であれば、当該会社の事業報告での開示も必要となる）。

(1)　親会社役員分

　親会社役員としての当該役員を被保険者として親会社が D ＆ O 保険に加入する場合、親会社の取締役会決議が必要となる。

(2)　子会社役員分

　子会社役員としての当該役員を被保険者とする D ＆ O 保険に関しては、以下の取扱いとなる。

　①　親会社が加入する D ＆ O 保険とは別に、子会社が独自に D ＆ O 保険に加入する場合、子会社の取締役会決議が必要となる。

　②　親会社が加入する D ＆ O 保険の被保険者に、親会社役員としての当該役員のみならず、子会社役員としての当該役員も含める場合、親会社の取締役会決議が必要となり、さらに、子会社役員部分の保険料を子会社が負担する場合は、子会社の取締役会決議も必要になると解される。

第2節　親会社従業員による兼務

> Q58　親会社従業員に子会社の取締役を兼務させるにあたり、子会社に
> おいてどのような手続が必要になりますか。

1　候補者の内定

(1)　候補者の選定プロセス

　候補者の選定プロセスは各社各様であるが、最終的に子会社の株主総
会を招集し、取締役選任議案につき決議する必要がある点は同じである。
　したがって、候補者を内々に決定した後、子会社では、株主総会に先
立って取締役会を開催し、株主総会の招集や取締役選任議案について決
議すべきことになる。この取締役会決議により、取締役候補者が内定す
る（従業員兼務取締役の選任手続については、Q4 参照）。

(2)　候補者の同意の取得

　親会社従業員を、その地位を有したまま（在籍のまま）子会社の役員に
就任させることは、実務上しばしば行われており、これを役員出向と呼
ぶことがある。
　出向先の従業員として出向させるケースでは、（出向元との間で雇用契
約があることを前提に）出向先との間でも雇用関係が生じるが、役員出向
では、出向先の会社における株主総会決議を経て、会社からの就任の申
込みに対して本人が承諾することによって委任関係が生じる（会社法
330 条）。
　従業員として出向させる場合、出向元の就業規則における一般的な出
向義務に関する規定や誓約書などにより包括的同意があり、賃金・労働
条件などが労働者の利益に配慮して具体的に定められているときには、
出向元が一方的に出向を命じることができると解される。
　一方、役員出向の場合、包括的同意の中に、取締役として出向するこ
とも含まれていると解釈して出向を命じることができるとする見解と、
取締役として出向することは包括的同意の中には含まれず、個別に本人

の同意を得る必要があるとする見解が存在する。もっとも、いずれの見解に立ったとしても、子会社において取締役就任の登記を申請する際に、本人の就任承諾書が必要となる（商業登記法54条1項）。したがって、本人が役員出向を拒否する場合には、これを実現することは事実上不可能である。

　そのため、実務上、役員出向に係る個別的同意の要否が問題となるのは、主として本人が出向を拒否したときに業務命令違反として懲戒処分の対象にできるかどうかという場面である。前述のとおり、役員出向には本人の個別的同意を要するとする見解もあり、出向命令に違反したことを理由とする懲戒処分が無効と判断される可能性もあることから、懲戒処分を行うにあたっては、当該ケースにおける具体的な事情を踏まえて慎重に検討する必要がある。

(3)　適時開示

　親会社が上場会社の場合、親会社の代表取締役の異動については適時開示が必要であるが、（上場会社でない）子会社の役員の異動については適時開示の義務はなく、親会社において任意開示するかどうかを検討することになる（親会社における従業員兼務取締役候補者の内定について **Q4** 参照）。

2　子会社の株主総会における選任決議

　前記1の子会社の取締役会決議に基づき子会社の株主総会を招集し、取締役の選任決議を行う。

　なお、会社法は、取締役または株主が株主総会の目的である事項について提案をした場合において、当該提案につき議決権を行使することができる株主の全員が書面または電磁的記録により同意の意思表示をしたときは、当該提案を可決する旨の株主総会の決議があったものとみなすとして（同法319条1項）、株主総会の開催自体を省略することを明文の規定により認めており、当該規定を利用して手続的負担を軽減している会社もあると思われる。

3　子会社における株主総会後の取締役会

　子会社における株主総会後の取締役会において、出向者が代表取締役となる場合には代表取締役としての選定決議をすることになり、業務執行取締役等として担当業務を委嘱する場合には当該事項を決定することになる。

　また、当該取締役会において、併せて取締役としての報酬についても決定されるが、役員出向対象者の子会社取締役としての報酬の取扱いについては、Q62、Q63 も参照されたい。

Q59　子会社に従業員兼務取締役として出向している親会社従業員には、親会社、子会社のいずれの就業規則が適用されるのでしょうか。

1　問題の所在

　親会社従業員が子会社に従業員兼務取締役として出向する場合、親会社と出向者との間には労働契約関係が存在し、子会社と出向者との間には従業員としての労働契約関係および取締役としての委任契約関係が存在することになる。

　このように、出向者には親会社との間と子会社との間に労働契約関係が同時に存在するため、親会社・子会社のいずれの就業規則が出向者に適用されるのかが問題となる。

2　就業規則の適用関係

　出向者を巡る労働契約上の権利義務関係は、親会社との労働契約上の権利義務の一部が出向に伴って子会社に移転するため、親会社と出向者間・子会社と出向者間に、労働契約上の権利義務が分割された状態で存在すると解されている。そして、分割された権利義務と適用される就業規則は対応関係にあるのが通常であるから、出向に伴って子会社に移転した権利義務に相応する部分については、親会社の就業規則は適用されず、子会社の就業規則が適用されることになる。

　労働契約上の権利義務のどの部分が子会社に移転し、いずれの会社のどの部分の就業規則が出向者に適用されるのかについては、基本的には親会社・子会社間の出向契約で定められることになる。ただ、一般論としては、出向者は出向先である子会社の指揮命令下で労務を提供するため、①権利義務のうち労務提供を前提とする部分は子会社に移転するから、子会社の就業規則が適用されるのに対し、②権利義務のうち労務提供を前提としない部分については親会社に残るから、親会社の就業規則が適用されると解されている。たとえば、①労働時間、休日および休暇等の勤務条件に関する規定や、服務規律、出勤停止および戒告等の労務提供に関わる制裁規定は、労務提供を前提とした規律であるから、子会

社の就業規則が適用され、②退職および解雇等の雇用契約の終了に関する規定は、必ずしも労務提供を前提としない規律であるから、親会社の就業規則が適用されると解するのが出向の実質に合致する場合が多いのではないかと考えられる。

　なお、子会社に出向した従業員兼務取締役は、取締役としての地位も有しているため、取締役としての責務を果たしていない場合には、任務懈怠による損害賠償責任（会社法 423 条）など会社法上の責任を問われることになる。

Q60　親会社の従業員（甲）が子会社に取締役として出向している場合において、出向元である親会社からの業務命令が出向先の子会社の利益に反するようなものであったときに、

① 　出向者甲が、子会社の利益を優先し、親会社からの業務命令に従わなかった場合、親会社は甲を懲戒処分できるでしょうか。

② 　出向者甲が、親会社からの業務命令を優先し、子会社の利益を損ねる行為をした場合、甲はどのような責任を負うのでしょうか。

　以下、出向者甲が、従業員を兼務しない取締役として子会社に出向する場合を想定して解説する。

1　出向者が負う義務

　親会社従業員を子会社取締役として出向させた場合、出向者は、出向元である親会社との関係では、労働者として労働契約に基づく誠実義務を負う（労働契約法 3 条 4 項）。

　一方で、出向先である子会社との関係では、取締役として委任契約に基づく善管注意義務、忠実義務を負い（会社法 330 条、民法 644 条、会社法 355 条）、競業取引や利益相反取引に関する規制を受ける（同法 356 条）。そのため、出向者は、取締役としての善管注意義務違反や忠実義務違反、また競業取引や利益相反取引等の行為によって損害を被った子会社や第三者に対して損害賠償義務を負うこともありうる（同法 423 条、429 条）。また、子会社が株主等の権利行使に関し利益供与をした場合において、出向者が当該利益供与に取締役として関与していたときは、子会社に対して、供与した利益の価額に相当する額を支払う義務を負う（同法 120 条）。

2　出向者甲が、子会社の利益を優先し、親会社からの業務命令に従わなかった場合（Q の①）

　出向元である親会社からの業務命令が出向先である子会社の利益を損ねるようなものであったために、甲が親会社からの業務命令に従わな

かったときに、親会社は懲戒処分することができるか。

　たとえば、子会社Ｘ社に株主としてＡ社（親会社）とＢ社（少数株主）がいる場合に、Ａ社の従業員甲がＸ社の代表取締役として出向し、Ａ社から、業界一般における価格よりも著しく低廉な価格でＡ社に商品を供給するよう業務命令を受けたものの従わないケースが考えられる。

　この点、労働者は、業務命令が就業規則の合理的な規定に基づく相当な命令であるかぎり、その命令に従う義務を負うものと解されているが、裏を返せば、業務命令が相当なものといえない場合には、これに従う義務はないと考えられる。

　上述のケースでいえば、甲は、親会社Ａ社のために労働者としての義務を負う一方で、子会社取締役としては、善管注意義務違反、忠実義務違反により、子会社（Ｘ社）や株主（特に少数株主であるＢ社）だけではなく、さらには会社債権者に対しても損害賠償責任を負うおそれ（たとえば、Ｘ社の財務状況が悪化して支払不能等に陥ったような場合）がある。このように、子会社の取締役としての義務は多くのステークホルダーに関わるものであるが、親会社従業員としての義務と子会社取締役としての義務が抵触する事態が生じうることについては、親会社としても出向させるに先立って当然予見していたものといえる。

　にもかかわらず、出向者に対し、子会社の取締役としての忠実義務等に反する内容の業務命令を行うことは、もはや正当な指揮命令権限の行使とは評価できず、かかる業務命令は相当なものとはいえない。

　したがって、出向元である親会社からの業務命令が子会社の利益に反する内容であった場合、この業務命令に出向者甲が違反したとしても、親会社は出向者甲に対して懲戒処分を行うことはできないと考えられる。

3　出向者甲が親会社からの業務命令を優先し、子会社の利益を損ねる行為をした場合（Ｑの②）

　このような場合に、出向者甲に対し、誰がどのような責任を追及することが可能かを検討する。

　たとえば、上述の事例で、親会社Ａ社の従業員であって子会社Ｘ社の

代表取締役でもある甲が、A 社からの業務命令に従い、業界一般における価格よりも著しく低廉な価格で A 社に商品を販売して X 社に損害を与えたケースが考えられる。

　この点、取締役が、その職務上の地位を利用し、自己または第三者の利益のために職務を執行した場合、忠実義務に反するものと考えられている（最大判昭和 45・6・24 民集 24 巻 6 号 625 頁）。また、株式会社が特定の株主に対して有償で財産上の利益の供与をした場合において、当該株式会社の受けた利益が当該財産上の利益に比して著しく少ないときは、当該株式会社は、株主の権利の行使に関し、財産上の利益の供与をしたものと推定される（会社法 120 条 2 項）。

　上述のケースにおける甲の行為は、これらの要件に該当することが明らかであり、忠実義務違反にあたると同時に、株主である親会社 A 社に対する利益供与をしたものと推定される。このケースを前提にすれば、各ステークホルダーから出向者甲に対して以下のような損害賠償等を求めることが考えられる。

(1)　少数株主 B 社が甲に請求する場合

　甲の行為で損害を受けた X 社自身が甲に対して損害賠償請求や A 社に供与したと考えられる利益相当額の支払を請求することも理論上は考えられるが、実際には、X 社（監査役設置会社であれば監査役が会社を代表する）が、代表取締役である甲の責任追及等をすることは考えにくい。そこで、少数株主である B 社が、X 社のために、甲に対して責任追及等することが考えられる（株主代表訴訟・会社法 847 条 3 項）。

(2)　子会社 X 社の債権者が甲に請求する場合

　甲の行為により X 社の財産が流出し、債権者が債権を回収できず損害を被った場合、債権者は、甲の職務執行に悪意または重過失があれば、会社法 429 条 1 項に基づき、損害賠償請求をすることが考えられる。

4　完全親子会社間における出向の場合

　これまでは親会社の他に少数株主がいるケースについて検討したが、

179

以下では、完全親子会社間における出向の場合について検討する。

　親会社が子会社の発行済株式の全部を有する完全親子会社関係にある会社間では、利害対立のおそれはない（忠実義務および競業避止義務に関する裁判例として、大阪地判昭和 58・5・11 判タ 502 号 189 頁）。

　上述のケースでいえば、親会社である A 社と完全子会社 X の間では、連結損益および包括利益計算書または連結損益計算書および連結包括利益計算書上、商品の売買その他の取引に係る項目は相殺消去されるため（連結財務諸表に関する会計基準 34、35 項）、著しく低廉な価格で X 社から A 社に商品を供給させることにメリットはない。むしろ、仮に X 社が海外子会社であった場合、移転価格税制の適用により、グループ全体の納税額が増加することもありうるため、有害ですらある。

　加えて、上述のとおり、取締役は会社に対して善管注意義務や忠実義務を負っており、取締役の職務執行につき悪意または重過失があり、子会社の債権者に損害を与えた場合には、債権者に対して損害賠償義務を負う（会社法 429 条）。

　したがって、完全親子会社の場合であっても、①親会社からの業務命令が子会社の利益を損ねる内容で相当でない場合、出向者は当該命令に従う義務はなく、業務命令に違反したとしても親会社は出向者に対して懲戒処分を行うことはできないと考えられる。他方、②出向者が親会社からの業務命令を優先して子会社の利益を損ねた場合には、子会社の債権者は損害賠償請求をなしうる余地がある。なお、完全親会社以外の株主が存在しないため、株主による役員責任の追及等は考えにくい。

> Q61　役員出向により子会社の取締役を兼務している親会社従業員が子会社で不祥事に関与した場合、どのような処分等が考えられますか。

　子会社の取締役として出向させた従業員が、子会社で不正経理や取引先からのキックバックを受ける等の不祥事に関与した場合、処分等の主体としては、子会社と親会社の双方が考えられるので、それぞれについて分けて検討する。

1　子会社における処分

⑴　役員としての処分

ア　株主総会決議による解任

　子会社の取締役として出向している親会社従業員は、子会社と委任関係に立つ。当該従業員が子会社における不祥事に関与した場合、子会社取締役の担当替えや不再任が考えられるが、子会社取締役としての任を解くためには、子会社の株主総会における解任決議が必要である（会社法339条1項）。

　なお、解任に正当な理由がない限り、子会社は残任期間の報酬等に関わる損害を賠償する必要があるため、当該不祥事への関与が解任するに足る事由であるか否かが別途問題となるが、たとえば、法令・定款に違反する行為や不正行為を自ら実行した当事者であったような場合には、正当理由が認められる場合が多いと考えられる。

イ　役員に関する規程に基づく処分等

　取締役の処分に関する社内規程があれば、当該規程に基づいて、処分をすることが考えられる。ただし、上記のとおり、取締役の解任は株主総会決議による必要があるため、社内規程に基づき解任することはできず、従業員に対する懲戒処分のように譴責や出勤停止について定めることにも違和感があることから、実質的に機能しうる処分として考えられるのは、報酬の減額くらいではないかと思われる。なお、取締役報酬については、いったん株主総会決議等で具体的に定めた後は、会社と取締役の間の契約内容となっているため、社内規程に基づく取締役報酬の減

額が契約の内容に含まれているといえなければ、取締役本人の同意なしに減額することはできない。そのため、取締役就任時の委任契約または就任承諾書等において、当該規程に従う旨を規定しておくことが望ましい。

　ウ　損害賠償請求

　取締役は、会社に対して善管注意義務（会社法 330 条、民法 644 条）、忠実義務（会社法 355 条）を負っており、これに反して会社に損害を与えたときは、会社に対して損害賠償責任を負う（同法 423 条 1 項）。したがって、子会社は、取締役の責任追及として損害賠償請求をすることも考えられる。

(2)　従業員としての処分

　出向先で、当該従業員が従業員兼務取締役にあたる場合、子会社の規律に服しており、子会社の就業規則に基づく懲戒処分が可能である。もっとも、懲戒解雇は、労働契約を消滅させることになるので、出向先に権限はなく、その選択できる懲戒処分の種類はけん責、減給、出勤停止などにとどまり、懲戒解雇のような労働契約を消滅させる効果をもつ処分は行い得ない。子会社が賃金を負担していない場合は、減給もなし得ない（Q59 参照）。

　このように子会社でなしうる懲戒処分は限定されており、当該従業員に懲戒解雇事由がある場合、出向契約を解約して出向者を親会社に戻し、親会社において懲戒解雇をするしかない。

2　親会社における処分

　当該従業員は、親会社から出向し子会社の取締役に就任したのであるから、子会社における業務は、親会社との関係では、親会社に対する労務の提供として行われたものであり、親会社における懲戒処分の対象となりうる。

　もっとも、親会社の就業規則に基づいて懲戒処分を行う場合には、懲戒規定が出向先における非違行為を対象とする規定ぶりになっていないことが多く、あてはめに注意が必要である。また、当該従業員の出向先

での行為により、出向元の親会社の企業秩序は乱されていないから、懲戒解雇事由に該当しないのではないかといった点も問題となり得る。この点については、在籍出向であることや、親会社と子会社という密接な関係に照らせば、子会社で業務に関し不正行為を行い、子会社に損害を与えたような場合には、親会社の秩序をも乱したといえる場合が多いと考えられる。

　参考になる裁判例としては、以下が存在する。

　①　日本交通事業社事件（東京地判平成 11・12・17 労判 778 号 28 頁）

　関連会社（A 社）に取締役として出向していた出向者につき、その部下による金員の着服を理由として出向元が行った諭旨解雇の有効性が争われた事案において、裁判所は、出向者の A 社における業務は、出向元との関係では、出向元に対する労務の提供として行われたものであり、出向者は、出向元に対し、労働契約（雇用契約）の本旨に従い、誠実に A 社の取締役としての業務を行う義務を負う旨判示して、出向先における役員としての業務遂行が、出向元に対して負担する労働契約上の誠実義務に違反するものであれば、出向元における懲戒処分の対象となりうることを明らかにした。もっとも、同裁判例は、出向元の企業秩序に及ぼす影響が間接的なものにとどまることが、解雇の有効性を検討する上で考慮されなければならないとしている。

　②　松下電器産業事件（大阪地判平成 2・5・28 労判 565 号 64 頁）

　子会社（B 社）に出向中に、工場長等の地位を利用して、取引先会社にバック・リベートを支払わせるという不正行為をしたことを理由として、出向元が懲戒解雇をした事案について、裁判所は、出向者は B 社出向当時、職務に関し不正行為を行い、同社に経済的損害を与えたのみならず、その名誉、信用をも毀損したものであり、出向元と B 社の密接な関係および出向者は同社に在籍出向していたことに照らすと、出向者には出向元の就業規則に定める懲戒事由があると認めるのが相当である旨判示している。

3　二重の処分について

　当該従業員が出向先子会社において従業員兼務取締役に該当し、子会

社で就業規則に基づく懲戒処分を受けた場合に、同一の事実関係について出向元の親会社でも懲戒処分をすると、二重の処分にならないかという問題がある。

　この点は議論があり得るが、処分の根拠となる規定および法律関係が異なり、出向元と出向先とでなし得る懲戒処分の種類も異なることから、出向元は別途懲戒処分をなしうると考える（これを肯定した裁判例として、東京地判平成4・12・25判タ832号112頁）。もっとも、二重処分の可否に関する問題を避けるために、解雇相当の場合は、子会社での懲戒処分を行わず、復帰命令によっていったん出向者を子会社から復帰させた上で、親会社において懲戒解雇を行うのが相当であろう。

> Q62　従業員が役員出向をするにあたり、子会社における役員報酬および親会社における給与に関し、どのような取扱いが考えられるでしょうか。

　親会社従業員の子会社への役員出向は、取締役または監査役のいずれかとしての出向が通常であるところ、以下では、まず取締役として出向する場合について解説した後、監査役として出向する場合に特有の事項について解説する。

1　子会社取締役として出向する場合

　役員出向を行う場合の役員報酬および親会社での給与の取扱いとしては、大きく分けて、①全額を子会社から役員報酬として支給する、②全額を親会社から給与として支給する、③親会社と子会社がそれぞれ支給する、の 3 通りが考えられる。なお、いずれが支給するかはともかく、出向者の総収入額には出向前後で変更がないようにするのが一般的であるため、以下はその前提で解説する。

(1)　全額を子会社から役員報酬として支給する場合

ア　親子会社間での事前の取決め

　役員報酬の額等については、子会社の定款または株主総会決議によって定めなければならない（会社法 361 条 1 項）。子会社の役員報酬については、形式的には、株主総会決議によって役員報酬の総額についてのみ決定した上で各取締役の個別報酬額は取締役会に一任し、さらに取締役会から代表取締役に一任することが多いと思われるが、その前提として、出向役員の報酬の金額については、親会社の給与体系に沿って、親会社との間で取決めがなされているのが通例である。

　全額を子会社から役員報酬として支給することにより親会社において支給していた給与をゼロにする場合、労働条件の不利益変更（労契法 8 条）の問題となるが、この点については、Q63 を参照されたい。

イ 任期満了前の出向終了時の取扱い

なお、企業再編により子会社の株主が異動する場合等に、任期満了前に、親会社が子会社に出向している役員の出向を終了させることがある。出向の終了も業務命令である以上、出向者は子会社の役員を辞任するのが通常であるが、たとえば、親会社に戻った場合にはすぐに定年を迎える状況下で、子会社での役員の任期はまだ一定の期間が残っているようなケースでは、出向者が辞任を拒否することもあり得る。この場合、親会社および子会社が任期満了を待たずに出向を終了させる方針であれば、株主総会決議により解任せざるを得ないが（会社法339条1項）、子会社が出向者を解任した場合、解任された出向者が会社法339条2項に基づき残存任期中に得られるはずであった役員報酬等相当額の賠償を請求することも考えられる。実際にこのような訴訟が提起された事例もあることから、子会社が役員報酬を出向者に支払う場合には、こうしたリスクがあることを認識し、子会社と出向者との間で、委任の終了事由につきあらかじめ合意をしておくことが考えられる。

(2) 全額を親会社から給与として支給する場合

全額を親会社から給与として支給するとしても、実際の負担については、①親会社が全額を負担する場合と、②子会社が一部を負担して親会社に戻し入れる場合がある。なお、いずれの場合でも、親会社において特に必要となる手続はない。

①の場合については、出向者の給与には子会社の役員としての職務遂行の対価に相当する部分が含まれているはずであるが、その部分まで含めて親会社が給与として支給することは、たとえば子会社が経営不振等で賞与を支給することができないため親会社が賞与を支給する場合など（法人税基本通達9-2-47参照）、合理的な理由がある場合を除き、親会社から子会社への贈与にあたると判断される可能性があるので注意が必要である。

②の場合については、子会社が親会社に戻し入れる費目は負担金や経営指導料とするのが一般的であるが、負担金や経営指導料という名目であっても、子会社での役員としての職務遂行の対価であることが明確で

あれば、出向者に対する役員報酬に該当することから、その金額について子会社の定款または株主総会決議によって定めておく必要がある。

　負担金や経営指導料の額の設定方法は会社によってさまざまであろうが、子会社にプロパー役員の報酬水準以上の負担金を支払わせるのは過度な負担を強いることになることから、子会社の役員報酬基準を参考にして設定することが1つの方法として考えられる。

(3)　親会社と子会社からそれぞれ支給する場合

　この場合、子会社から役員報酬として支払われる額につき、親会社の給与が減額されることになり、前記(1)と同様、労働条件の不利益変更の問題となるため、Q63 を参照されたい。

　また、子会社の役員報酬として支給する部分については、前記(1)の場合と同様、子会社の定款の定めまたは株主総会決議が必要となる。

2　子会社監査役として出向する場合

　親会社従業員が監査役として子会社に出向する場合でも、基本的には上記1で述べた取締役として出向する場合の議論が妥当する。

　ただし、子会社から役員報酬として支給する場合に必要な会社法上の手続は取締役の場合と一部異なる部分がある。すなわち、報酬の総額について、子会社の定款または株主総会決議によって定めなければならないのは同じであるが（同法387条1項）、監査役が2人以上いる場合の各監査役の個別報酬額は、監査役の協議で定めることができるとされている（同条2項）。

3　会社法上の手続省略の可能性

　役員出向は親会社グループの人事異動の一環として行われ、親会社の人事部門が子会社の役員人事およびこれに伴う賃金の取扱いを決定しているのが実情であると思われる。そのような実態において、子会社で役員選任や役員報酬の支払いに係る会社法上の手続をどこまで厳密に踏むべきかという疑問を持つことがあるかもしれない。

　しかしながら、たとえ実態はグループ内の人事異動であるとしても、

別会社の役員に就任するという形式を採用している以上は、会社法で規定された手続を踏まなければならないのは当然のことである。

　もっとも、株主の同意により株主総会の開催を省略することが認められており（会社法 319 条 1 項）、手続的負担は軽減可能である（詳細については Q58 を参照）。

Q63　役員出向者が役員報酬を受領する場合、その報酬と同額分につき、
親会社での給与を減額することはできますか。

1　労働条件の不利益変更

役員出向者が子会社から役員報酬を受領するにあたって、親会社での
給与を減額する方法は、①親会社が従前支給していた給与をゼロにして、
その全額を子会社から役員報酬として支給する方法、②親会社と子会社
からそれぞれ給与と役員報酬を支給し、子会社から役員報酬として受領
する金額分を、親会社が従前支給していた給与から減額する方法のいず
れかであると考えられる（Q62 参照）。

役員出向者は出向後も親会社との間で労働契約関係が存続しているか
ら、このような給与の減額は労働条件の不利益変更に該当する。そこで、
役員出向者の労働条件を不利益に変更する場合、どのような手続が必要
となるのか、また、その手続において、どのような点に注意すればいい
のかが問題となる。

2　法律の規定および判例の状況

この点、労契法 8 条は、労働者と使用者が合意をすることにより、労
働契約の内容である労働条件を変更することができると規定している。
そのため、親会社と役員出向者との間で給与を減額することについて合
意をすれば労働条件の不利益変更が可能となる。

もっとも、労働者との合意によって労働条件を不利益に変更する場合
には、最判平成 28・2・19 民集 70 巻 2 号 123 頁の判示に留意する必要が
ある。すなわち、合併により消滅する信用協同組合の職員が、合併前の
就業規則に定められた退職金の支給基準を変更することに同意する旨の
記載のある書面に署名押印をした事案において、「就業規則に定められ
た賃金や退職金に関する労働条件の変更に対する労働者の同意の有無に
ついては、当該変更を受け入れる旨の労働者の行為の有無だけでなく、
当該変更により労働者にもたらされる不利益の内容および程度、労働者
により当該行為がされるに至った経緯およびその態様、当該行為に先立

つ労働者への情報提供または説明の内容等に照らして、当該行為が労働者の自由な意思に基づいてされたものと認めるに足りる合理的な理由が客観的に存在するか否かという観点からも、判断されるべき」であると判示しており、役員出向者が親会社における給与の減額を受け入れる旨を明らかにしたとしても、そのことのみで同条に定める合意があったと認められるわけではないことに留意する必要がある。

3　役員出向者への適用

　判例の考え方からすると、役員出向者との合意による親会社給与の減額が効力を生じるためには、役員出向者の同意が形式的に存在するだけでなく、かかる同意が役員出向者の自由な意思に基づくと認めるに足りる合理的な理由が客観的に存在していなければならない。

　設例のように、親会社給与を全額または一部減額されたとしても、その減額に相当する部分が子会社から役員報酬として支給され、役員出向者に支払われる金額の総額が変わらないのであれば、役員出向者にとって事実上の不利益はないが、役員出向対象者の同意が自由な意思に基づくと認めるに足りる合理的な理由が客観的に存在していたといえるように、親会社の給与を減額する理由、減額部分については出向先で役員報酬として支払われること、給与の減額は出向中に限ったものであること等について丁寧に説明を行うべきである。

　また、親会社では、後日紛争になった場合に備えて、自由な意思に基づく同意があったことを客観的に担保する目的で、念のため、親会社給与の減額に同意する旨の書面を役員出向者から取得しておくべきである。その際、当該書面には、給与の減額に対する同意文言に加えて、親会社からの説明内容とこれを了解した旨の文言を記載しておくことが考えられる。

> Q64　子会社に取締役として出向している親会社の従業員に労災保険・雇用保険は適用されますか。

1　はじめに

　労災保険・雇用保険は、法定の適用要件を満たせば各種給付を受けることができるが、保険ごとに制度目的・趣旨が異なるため、その適用要件に違いがある。以下、親会社の従業員が子会社に取締役として出向する場合の保険適用について、労災保険・雇用保険の順に解説する。

2　労災保険の適用の可否

(1)　労災保険の適用場面

　設問のように、親会社の従業員が子会社に取締役として出向する場合、当該従業員は、親会社と労働契約関係を維持したまま、子会社と取締役として委任契約関係に入ることになるが、労災保険の「適用事業」（労災保険法 3 条 1 項）は「労働者を使用する事業」とされているから、親会社・子会社のいずれの事業が「労働者を使用する事業」にあたるかを検討する必要がある。

(2)　労災保険の適用に関する考え方

　親会社から子会社への出向の場合、親会社・子会社の事業のいずれが「労働者を『使用する事業』」にあたるかについては、一般に、出向の目的、親会社・子会社間の出向に関する契約および労働実態等に基づき、当該労働者の「労働関係の所在」を判断して決定されると解されており、また子会社の労働者として労災保険の適用を受けるのは、出向者が子会社の組織に組み入れられ、子会社の労働者と同様の立場で、子会社の指揮監督を受けて労働に従事しているような場合とされている。この場合は、親会社から賃金の支給を受けていても差し支えない（昭和 35 年 11 月 2 日基発 932 号）。

　もっとも、労災保険が適用されるためには「『労働者』を使用する事業」でなければならないところ、取締役たる地位は委任契約関係に基づくも

のであるから、出向取締役は子会社において当然に「労働者」と認められるわけではないが、法令・定款の規定に基づく業務執行権を有しておらず、かつ、内部規程上も業務執行権を有しておらず、事実上、業務執行権を有する取締役の指揮・監督を受けて労働に従事し、その対償として賃金を受けている者は、原則として労働者として扱うものとされている（昭和34年1月26日基発48号）。また、労災保険法上の「労働者」は労働基準法上の「労働者」と一致した概念であるところ（菅野和夫『労働法〔第12版〕』（弘文堂、2019）646頁）、昭和60年厚生労働省「労働基準法研究会報告」では、労働基準法における「労働者性」の判断基準として、仕事の依頼、業務従事の指示等に対する諾否の自由の有無・業務遂行上の指揮監督の有無・拘束性の有無・代替性の有無等が挙げられており、労災保険法上の「労働者」性の判断にあたっても参考になりうる。

　なお、小規模会社の事例ではあるが、裁判例においても、「専務取締役」につき、その実態に鑑みて業務執行権は存在せず、また、会社との使用従属関係は消滅していなかったなどとして労働者性を肯定した事例がある（大阪地判平成15・10・29労判866号58頁）。

(3)　実務上の検討

　以上述べた考え方に照らし、出向者が子会社において「労働者」と認められ、かつ、「労働関係の所在」が親会社ではなく子会社にあると判断される場合には、子会社の事業が「『労働者』を『使用する事業』」に該当し、子会社において労災保険が適用されることになる。

　これに対し、労働関係の所在が親会社にあると判断される場合には、親会社の事業が「労働者を使用する事業」に該当し、親会社において労災保険が適用されることになる。

　実務上は、事案ごとに事情は千差万別であり、上記各要件を満たすといえるのか判断に悩むことも多いと思われる。そこで、個別の労災保険の適用に関しては、所轄の労働基準監督署に相談をすることも有用であろう。

(4)　特別加入制度

なお、以上のような「労働者を使用する事業」か否かの判断とは別に、子会社が中小事業主等に該当する場合には、一定の要件の下に、その取締役は「労働者」に準じて労災保険に特別に加入することが認められている（労災保険法 33 条〜37 条）。中小事業主等と認められる企業規模は、金融業・保険業・不動産業・小売業については 50 人以下、卸売業・サービス業については 100 人以下、それら以外の業種については 300 人以下とされている（同法 33 条 1 号、労災保険規則 46 条の 16）。

3　雇用保険の適用の可否

(1)　取締役に対する雇用保険適用の可否

雇保法上、雇用保険の被保険者は「適用事業に雇用される労働者」とされているが（雇保法 4 条 1 項）、子会社における取締役は委任契約関係に基づくものであるから、ただちに「労働者」に該当するものではない。

しかし、取締役であっても、同時に会社の部長、支店長、工場長等従業員としての身分を有し、報酬支払等の面からみて労働者的性格が強く、雇用関係があると認められる場合は「労働者」として被保険者になるとされているが、代表取締役は労働者的性格と相容れないから被保険者とはならない（雇用保険に関する業務取扱要領 20351 イ）。

そこで、以下では、当該出向者が子会社で「労働者」と認められる場合と認められない場合に分けて検討する。

(2)　子会社において「労働者」と認められる場合

この場合は、親会社と子会社の双方で労働者性を有することになるが、いずれで雇用保険が適用されるか。

出向により同時に 2 以上の雇用関係を有する者は、生計を維持するに必要な主たる賃金を受ける「主たる雇用関係」についてのみ、被保険者資格が認められる（雇用保険に関する業務取扱要領 20352 イ（イ）a）。主たる賃金が親会社からの給与である場合、親会社との関係で被保険者資格が認められ、主たる賃金が子会社からの取締役報酬等である場合、子会社との関係で被保険者資格が認められることになる。

　そして、主たる雇用関係の判断が困難である場合、または雇用保険の取扱い上、引き続き同一の事業主の適用事業に雇用されている場合に比し著しく差異が生ずる場合は、その者の選択する雇用関係について、被保険者資格が認められることになる（雇用保険に関する業務取扱要領20352 イ（イ）b）。

(3)　子会社において「労働者」と認められない場合

　この場合は、親会社との関係でのみ労働者性を有しうることになるが、出向中であっても親会社との関係で雇用保険が適用されるか。

　親会社での就業条件が被保険者となるべき要件を満たす場合に被保険者として取り扱われるが（雇用保険に関する業務取扱要領20352 ル1文）、当該要件を満たすかどうかの判断にあたっては、親会社から得る賃金が「生計を維持するに必要な主たる賃金」かどうかに留意する必要ある（同要領20352 ル2文）。すなわち、生計を維持するに必要な主たる賃金を親会社から受ける場合は被保険者として取り扱われ雇用保険が適用されるが、そうでない場合は被保険者資格を喪失し雇用保険が適用されないこととなる。

　もっとも、ここでも、親会社から得る賃金が「生計を維持するに必要な主たる賃金」であるかどうか判断が困難である場合、または雇用保険の取扱い上、引き続き同一の事業主の適用事業に雇用されている場合に比し著しく差異が生ずる場合、出向者の選択により親会社において雇用保険の適用を受けることは可能である。

Q65　当社の従業員の地位を保ったまま子会社に役員として出向した者
が精神疾患を発症してしまいました。
　精神疾患は長時間労働によるものであり、長時間労働の主な原因は当
社の業務命令による業務遂行にあると思われます。当社はこの者に対し
て損害賠償責任を負うのでしょうか。

1　問題状況

　一般に、使用者は、労働契約上、労働者がその生命・身体等の安全を
確保しつつ労働することができるよう、必要な配慮をする義務（安全配
慮義務）を負う（労契法 5 条）。これは出向の場合も同様であり、出向者が
出向先の指揮命令に従って労務を提供する以上、出向先は出向者に対し
て安全配慮義務を負う。

　他方、役員出向の場合は、原則として、役員出向者が出向先の指揮命
令に従って労務を提供する関係にないから、出向先は役員出向者に対し
て安全配慮義務を負うものではない。

　また、役員出向の場合でも、出向元と役員出向者との間の労働契約関
係は存続しているものの、出向期間中は、役員出向者が出向元の指揮命
令に従って労務を提供する関係にないのが通常である。このため、労働
契約関係が存続しているというだけで、ただちに出向元が役員出向者に
対して安全配慮義務を負うことになるわけではない。

　それでは、設問のように、役員出向者の精神疾患の原因が出向元の業
務命令による長時間労働である場合はどうであろうか。出向元は役員出
向者に対し、安全配慮義務違反に基づく損害賠償責任を負うのであろう
か。

2　出向元の安全配慮義務に関する裁判例

　出向元の出向者に対する安全配慮義務について述べた裁判例として、
東京地判平成 20・12・8 労判 981 号 76 頁（JFE スチール（JFE システムズ）
事件）がある。

　これは、出向元（親会社）から出向先（子会社）に在籍出向した者が、

長時間労働により精神疾患を発症して自殺したことから、遺族が出向元と出向先に対し、安全配慮義務違反に基づく損害賠償請求を行った事案である。

　裁判所は、結論として、出向先の安全配慮義務違反を認める一方で、出向元の安全配慮義務を否定した。もっとも、出向元が安全配慮義務を負う場合について、次のように注目すべき判示をした。すなわち、裁判所は、「出向元は、出向先及び出向労働者との間の合意により定められた権限と責任、労務提供、指揮監督関係等の具体的実態に応じた内容の、安全配慮義務を負う」とした上で、出向者に対する安全配慮義務は、一次的には出向先が負い、出向元は、出向者の長時間労働等の具体的な問題を認識し、または認識し得た場合に、これに適切な措置を講ずるべき義務を負うと解するのが相当であると判示した。

　裁判所が出向元の安全配慮義務を否定したのは、出向先が日常的な指揮命令や健康管理等を行っていたこと、他方、出向元は出向者を直接管理監督する立場になく、出向者の日常的な労働環境や健康状態等を把握するのが困難であったこと等の事実関係の下では、出向元は長時間労働等の問題を認識し得なかったと判断したことによる。裏を返せば、出向元が出向者の労働環境や健康状態等を容易に認識できたような事情があれば、結論は変わり得るということである。

3　設問に関するあてはめ

　以上の裁判例に照らすと、設問の事案のように、役員出向者の精神疾患が長時間労働によるものであり、かつ、長時間労働の主な原因が出向元たる親会社の業務命令による業務遂行にあるという場合、親会社が役員出向者に対して安全配慮義務を負うと判断される可能性がある。たとえば、役員出向者から長時間労働等の申告があれば当然のこと、業務遂行の結果報告や業務遂行過程での相談の際の発言内容や様子を通じて、役員出向者が極度の疲労状態にあった、あるいは、精神に異常を来していた等の事情（異変）を親会社が把握していれば、親会社は役員出向者に関する長時間労働等の具体的な問題を認識できたと判断される可能性が高い。

　そして、それにもかかわらず、長時間労働等の問題を是正することなく漫然と過酷な業務遂行を行わせていたのであれば、親会社には出向者に対する安全配慮義務違反が認められ、これと因果関係のある損害につき賠償する責任を負うこととなる。

第3章　子会社監査役の兼務

> Q66　親会社の取締役が子会社の監査役を兼務することは可能でしょう
> か。また、親会社の監査役が子会社の監査等委員である取締役を兼務する
> ことは可能でしょうか。

1　親会社取締役による子会社監査役の兼務の可否

(1)　監査役（社内監査役）との兼務

Q48 でも触れたが、監査役には、会社法上、兼任規制がある。監査役
が、株式会社もしくはその子会社の取締役もしくは支配人その他の使用
人または当該子会社の会計参与もしくは執行役を兼ねることができない
（会社法335条2項）というものである。

　親会社の監査役が、子会社の取締役、支配人、使用人や執行役（以下
「取締役等」という）を兼務することが禁止されるのは、①株主である親
会社の取締役は子会社の取締役等に対し影響力を行使できることから、
親会社の監査役が子会社の取締役等を兼務すると、親会社の監査役が事
実上親会社の取締役の影響下に置かれることになり、そうなると親会社
の監査の独立性が損なわれるおそれがあること、および、②親会社の監
査役には、子会社に対する営業報告請求権・財産状況調査権が認められ
るところ（会社法381条3項）、親会社の監査役が子会社の取締役等を兼
務すると、これらの権限の適正な行使が期待できないことが理由である。

　しかし、親会社の取締役が子会社の監査役を兼務することについては、
上記の問題は生じないことから、この兼任規制には抵触せず、他に法令
上の規制もないため両者の兼務は形式的には可能である。実務上も、こ
のような兼務をしている例は多いであろう。

　もっとも、グループ会社全体で見れば、親会社取締役が一部とはいえ
監査部門を兼務することになり、親会社の業務執行者として子会社の経
営に関与する立場と子会社監査役として子会社の経営を監視する立場が

混在することになる。グループ会社全体の経営管理・内部統制・グループ監査における職務分担等の観点からは、かかる兼務が適切かどうかの検討も必要となる。

　また、実務では親会社の取締役が複数の子会社の監査役を兼務している例があるが、あまりに多数の会社の監査役を兼ねると事実上監査役としての職務を果たすことが難しくなり、任務懈怠の責任が生じかねないことに留意が必要である。

(2)　社外監査役との兼務

　上記のとおり、親会社の取締役は子会社の監査役（社内監査役）を兼務できるが、子会社の社外監査役を兼務することはできない。平成 26 年の会社法改正により、親会社の取締役、監査役、執行役、支配人その他の使用人ではないことが社外監査役の要件となったからである（同法 2 条16 号ハ）。親会社は、株主として子会社の取締役等に影響力を行使できることから、子会社の取締役等は、親会社の指示で、子会社の利益を犠牲にして親会社の利益を図るおそれがあるところ、このような場合に、親会社の取締役には、子会社の社外監査役としての実効的な監査は期待できないことがその理由とされる（坂本三郎ほか「平成二六年改正会社法の解説〔Ⅲ〕」商事法務 2043 号（2014）5 頁参照）。

　したがって、仮に親会社の取締役を子会社の社外監査役とする監査役選任議案が株主総会で可決されたとしても、その監査役は社外監査役ではない。その結果、監査役会設置会社において、社外監査役が監査役の半数未満となってしまう場合が考えられる（会社法 335 条 3 項参照）。そのような場合であっても、短期間であれば、当然に監査が違法となるものではないが、長期にわたれば、適法な監査が行われなかったと評価され、当該監査を前提とした計算書類等の承認手続や剰余金配当の手続が瑕疵を帯びていると判断される可能性もあるため、注意しなければならない。

　なお、社外監査役には、現に親会社の「取締役」でないことが求められており、業務執行取締役であるか否かで区別されていない。したがって、親会社の社外取締役であっても、子会社の社外監査役にはなれない。

逆に、過去に親会社の取締役であったとしても、現に親会社の取締役で
なければ、社外性を失うわけではない。

2　親会社監査役による子会社の監査等委員である取締役の兼務の可否

(1)　監査役の兼任規制

　上記（1(1)）のとおり、親会社の監査役は、子会社の取締役を兼ねるこ
とができない（会社法335条2項）。子会社が監査等委員会設置会社であ
る場合、監査等委員である取締役の職務は、監査役の職務と類似する部
分も多いが、特に監査等委員である取締役が兼任規制の対象から除外さ
れていない以上、親会社の監査役は子会社の監査等委員である取締役を
兼務することはできない。

　監査等委員である取締役はあくまで取締役であり、業務執行に係る取
締役会の意思決定に関与する場面もあり得る以上、監査役と同じである
と解する余地はない。

(2)　兼任規制違反の効果

　親会社の監査役が子会社の取締役を兼ねる状態になった場合、当然の
ことながら、いずれか一方の地位を辞任しなければならない。

　どちらの地位も辞任せず、兼任規制に違反した場合の効果には争いが
ある。

　兼務が禁止される地位に選任される場合は、従前の地位を辞任するこ
とを条件とするものであって、新たな地位に就任することを承諾したと
きは、従前の地位を辞任したものと解すべきであるという理解を前提に
した上で、①子会社の取締役が親会社の監査役に就任して、引続き子会
社の取締役の職務を遂行する場合には、監査役の任務懈怠の責任が問題
となるだけであるが、②親会社の監査役が子会社の取締役に就任した後、
引き続き親会社の監査役の職務を行っている場合には、監査の効力が否
定されるという見解が通説的見解である。

　他方、どちらの地位に先に就任していたかというだけの形式的な事情
で監査の効力に関する結論が正反対に変わることは妥当ではないとし

て、違法な兼任によって監査の公正さが損なわれている以上、上記①、②いずれの場合でも監査の効力を否定すべきであるとの見解も有力である。

　いずれの見解によっても、兼任規制に違反した場合には任務懈怠の問題となる可能性は否定できず、状況によっては監査の効力が否定される可能性もあることに十分留意する必要がある。

> Q67　親会社の常勤監査役が子会社の常勤監査役を兼務することは可能
> でしょうか。

1　親会社監査役による子会社監査役の兼務

　親会社の監査役が子会社の監査役を兼務することは、会社法の兼任規
制に抵触するものではなく（会社法335条2項。Q66参照）、法令上、これ
を禁止する規制もない。

　実務上も、親会社監査役がグループ子会社や孫会社の監査役を兼務す
る例は多い。

2　常勤監査役の兼務（「常勤」の意義）

　もっとも、監査役の兼務ができたとしても、「常勤」の監査役（以下「常
勤監査役」という）を複数兼務できるかどうかは別問題である。

　常勤監査役制度は、複数監査役制度とともに、昭和56年商法特例法改
正の際、大会社の監査体制を強化するための特例として導入されたもの
であり（旧監査特例法18条2項）、会社法においても常勤監査役の選定が
必須とされているが（会社法390条3項）、「常勤」の意義については当時
から次の2つの見解があった。

①　会社の業務が行われている間（会社の営業時間中）、監査役の職務
　に専念する（義務を負う）ことをいう。

②　継続かつ一貫した監査を遂行するのに必要な時間を監査の職務に
　割り当て得る執務状態にあることをいう。

　この点、②の「継続かつ一貫した監査を遂行するのに必要な時間を監
査の職務に割り当て」ることは、常勤監査役に限らず非常勤監査役にも
求められるものであり、法が大会社について特に「常勤」監査役の設置
を要求した趣旨（監査役監査の実効性確保）、および「常勤」という語意（フ
ルタイム）に照らせば、①が正当であろう（通説的見解も①によっている）。

　なお、常勤監査役の職務においては、能動的に監査に従事するという
側面だけでなく、社内に常勤することで会社の統制環境等の情報に自ず
と接し、また、業務時間中は役員や従業員から随時情報提供を受けられ

る状態を保つことで、監査に有用な情報を幅広く入手するという側面も
また重要である。

　実務上、「常勤というためには何日くらいの出勤を要するか」という質
問がなされることがあり、最低3日という見解もある。会社の規模や事
業所数、事業内容にもよるが、かつて監査役が「閑散役」と揶揄された
時代ならいざ知らず、今日では、基本的にすべての営業日に出勤するこ
とを要するものと解される。

3　常勤監査役を兼務した場合の問題点

　このように解した場合、複数の会社の常勤監査役を兼務することは事
実上困難な場合が多いことになる。

　ここに「事実上困難」とは、常勤監査役を兼務した場合、常勤として
の職務専念義務（善管注意義務）の全部または一部を果たし得ない、とい
う意味であって、常勤として選定された当該監査役が当然に「常勤」監
査役でなくなるわけではなく、また関与した監査や監査報告が当然に違
法になったり、これを前提とした計算書類等の承認、剰余金配当の決定
等の手続が当然に瑕疵を帯びるというわけでもない。しかし、このよう
な場合、実質的には「常勤」監査役の選定がなされたとはいい難く、職
務専念義務違反の疑いを受けることになる。そのため、他の監査役とし
てもそれを放置しておくのは適切ではなく、「常勤」として職務に専念す
るよう求め、それが期待できないときは別の監査役を常勤として選定す
るなどすべきで、これを怠ったときは任務懈怠の責任を問われる可能性
もあることになる（金商法上の役員責任との関係で「常勤」の意義が問題と
なった事案として東京地判平成28・12・20判タ1442号136頁）。

4　実務上の留意点

　実務では、親会社の常勤監査役が複数の子会社や孫会社の監査役を兼
務する例もみられるが、大半は非常勤での兼務である。

　もっとも、完全親子会社という関係にあって、会社所在地が同一で往
来も容易であり、その業務内容も熟知している、というような場合であ
れば、常勤監査役の兼務もまったく考えられないわけではない（この場

203

合、少数株主権の保護は問題とならないし、職務専念義務違反や任務懈怠の責任を問われる可能性も小さい）。ただ、完全子会社であれば必ずしも公開会社としておく必要はない。公開会社でなければ、監査役会を置く必要がないから（会社法 328 条 1 項）、そもそも常勤監査役を選定する必要もないことになる。

　監査役の任務懈怠となるか否かは、緊急時（たとえば臨時取締役会等）の対応可能性といった具体的な監査環境にもよるであろうが、監査役の重要な職責に照らせば、極力、常勤監査役の兼務は避けるべきであろう。

　それでもなおコストその他の諸事情から他の常勤監査役を選定することが困難であり、常勤を兼務する（させる）のであれば、選定時にその兼務状況を明らかにしておくべきであり、また、常勤として選定された監査役が新たに他社の常勤監査役を兼務しようとするときは、その旨を監査役会に報告し、当該監査役以外の監査役を常勤として選定すべきか否かの協議を経ておくべきであろう。

> Q68　親会社従業員が子会社監査役を兼務することは法律上制限されていないようですが、就任にあたって親会社および本人が気をつけるべきことはありますか。

1　親会社従業員による子会社監査役の兼務

　親会社の従業員が子会社の非常勤の監査役を兼務すること（以下、その対象者を「兼務従業員」という）は実務上よく行われている。監査役の権限を会計に限定する場合と限定しない場合があり、限定する場合は経理部門の、限定しない場合は監査部門や事業部門の、部門長や管理職クラスが兼務する例が比較的多いように思われる。

　親会社従業員が子会社監査役に就任する（親会社からいえば、就任させる）にあたって留意すべき点としては次のようなものがある（なお、この場合の給与等の取扱いについては、Q62 参照）。

2　子会社の位置付け

　一口に子会社といっても、上場・非上場の別、親会社との距離感（独立の度合い）等はさまざまである。100％子会社であれば実質的に親会社の一事業部門に過ぎないと評価される場合も多いが、そうでない場合は親会社との間に利益相反があり得る。兼務従業員は、親会社の従業員たる地位を有しながら子会社の監査役としてその職務を行うこととなるが、子会社監査役の立場においては、子会社や少数株主の利益保護の視点を忘れてはならない。

3　複数の子会社監査役を兼務する場合

　複数の子会社監査役（非常勤）を兼務する場合、上記の親会社との利益相反のみならず、子会社相互間の利益相反にも留意する必要がある。また、親会社従業員としての本務に支障をきたしたり、各子会社の監査役としての職務が疎かにならないよう、留意しなければならない。

4　親会社での担当部門

(1)　経理部門担当者による兼務

　親子会社間では、親会社の経理部門が非上場子会社の経理業務を代行する場合も多い。親会社の経理部門は、親会社の決算はもちろん、子会社を含む企業集団全体の業績を踏まえて連結決算を取り纏める立場にあるから、子会社の経理に通じているメリットがある。半面、たとえば、親会社の経理部長が子会社監査役に就任した場合、自らが取り纏めた子会社の決算を、子会社監査役として監査するという一種の「自己監査」の状況が生じる。また、近年、子会社を利用した会計不正も散見されるところ、親会社の経理部門が子会社の会計不正に加担し、しかも子会社監査役を親会社の経理部長が兼務しているような状況下では、会計監査人によっても不正を見抜くのが困難になるという問題もある。

(2)　内部監査部門担当者による兼務

　監査役、内部監査部門、会計監査人の三者がそれぞれの立場で行う監査は「三様監査」といわれ、近年、三者の連携の重要性が指摘されている。親会社の内部監査部門は子会社の監査も行うところ、同部門の担当者が子会社の監査役を兼ねると、子会社については、監査役監査と内部監査部門による監査の区別がなくなり、事実上、二者による監査となってしまう。したがって、どの部署から担当者を出すのか、その人選にも留意する必要がある。

5　人選上の留意点（人間関係への配慮）

(1)　子会社の経営トップとの関係

　監査の要諦は、経営陣、とりわけ経営トップに対する「御意見番」たりうるかという点にあり、監査役が子会社のトップに忌憚のない意見が述べられるか否かが重要なポイントとなる。たとえば、兼務従業員の上司にあたる親会社の現役取締役が子会社の取締役を兼務している場合や、子会社の代表取締役が過去に親会社の社長や副社長といった重要ポストにあった人物である場合等、兼務従業員が「忖度」せざるを得ない職務上の関係にあると、監査は事実上骨抜きになるおそれがある。この

点でも人選には細心の注意が必要である。

(2)　親会社の上司との関係

　兼務従業員の親会社における上司（たとえば取締役）が子会社の取締役（特に業務執行取締役）を兼務しているような場合、兼務従業員は、親会社では上司から指揮命令を受けながら、子会社では監査役として上司の決定・執行・監督の状況を監査しなければならないという相反する立場に立たされることになり、(1)と同様の問題がある。

6　グループにおける内部統制システムの構築

　以上みてきたとおり、親会社従業員が子会社監査役に就任する場合に留意すべきポイントは、利益相反、自己監査、人的関係性等である。兼務従業員は、これらを意識しつつ、親会社の監査役ともよく連携し、監査人としての気概をもって監査に取り組む必要がある。

　ただ、すべてを個人の資質に依存するのは限界もあり、また酷な場合もある。

　会社法は、「株式会社の業務並びに当該株式会社およびその子会社から成る企業集団の業務の適正を確保するために必要な」体制を取締役会の決議事項としているところ（会社法 348 条 3 項 4 号）、上記観点から子会社監査役が職務を全うできるような体制や環境整備（たとえば、子会社監査役を兼務する従業員については、親会社の監査役付スタッフとして、執行部の人事から独立させることなどが考えられる）を取締役会で具体的に決議しておき、いざというときに兼務従業員が監査役としての独立性を保持し得るようにしておくことも重要と思われる。

<h1>執筆者紹介</h1>

◯事務所紹介

田辺総合法律事務所(https://www.tanabe-partners.com/)　　代表弁護士　田辺克彦

　　1978年6月開設。幅広い法律分野について臨床法務から予防法務、戦略法務までを手がける法律問題の「総合病院」として、企業法務分野を中心に、総合的かつ高品質なリーガルサービスを迅速かつリーズナブルに提供している。

弁護士法人色川法律事務所(http://www.irokawa.gr.jp/)　代表弁護士　高坂敬三

　　1927年4月、後に最高裁判事となった色川幸太郎弁護士が創業し、以来90年以上にわたり主に関西系企業の発展を支えるパートナーとして企業のあらゆる相談に与っている。薬害・公害事件などの大型訴訟を数多く手掛けているほか、会社法、人事・労務、倒産、行政、医療、金融取引等の案件にも積極的に取り組んでいる。

◯編集委員

田辺総合法律事務所

弁護士　中西　和幸	弁護士　薄井　琢磨	弁護士　橋本　裕幸

弁護士法人色川法律事務所

弁護士　小林　京子	弁護士　高坂佳郁子

◯執筆担当

田辺総合法律事務所

弁護士　植松　祐二	弁護士　貝塚　光啓	弁護士　北脇　俊之
弁護士　松田　秀明	弁護士　伊藤　英之	弁護士　鈴木　翼
弁護士　松原　香織	弁護士　大寺　正史	弁護士　安藤　文子
弁護士　田辺　泰彦	弁護士　永野恵利加	弁護士　塚原　健人

弁護士法人色川法律事務所

弁護士　鳥山　半六	弁護士　鈴木　蔵人	弁護士　嶋野　修司
弁護士　三浦　彰夫	弁護士　髙橋　直子	弁護士　高坂佳詩子
弁護士　西本　良輔	弁護士　加古　洋輔	弁護士　伊藤　敬之
弁護士　志連　広祐	弁護士　増田　拓也	

Q&A 兼務役員の法務と実務
——企業集団における人材活用

2020 年 1 月 31 日　初版第 1 刷発行

編　　者　　田辺総合法律事務所
　　　　　　弁護士法人色川法律事務所

発 行 者　　小 宮 慶 太

発 行 所　　株式会社 商 事 法 務
　　　　　　〒 103-0025 東京都中央区日本橋茅場町 3-9-10
　　　　　　TEL 03-5614-5643・FAX 03-3664-8844〔営業部〕
　　　　　　TEL 03-5614-5649〔書籍出版部〕
　　　　　　https://www.shojihomu.co.jp/